Les cahiers **d'exercices** ASSIMIL

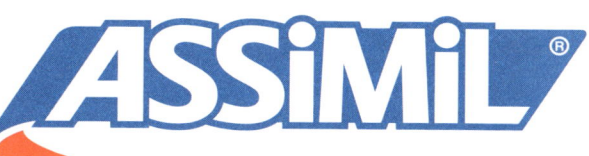

Allemand

Bettina Schödel

Collège 4e

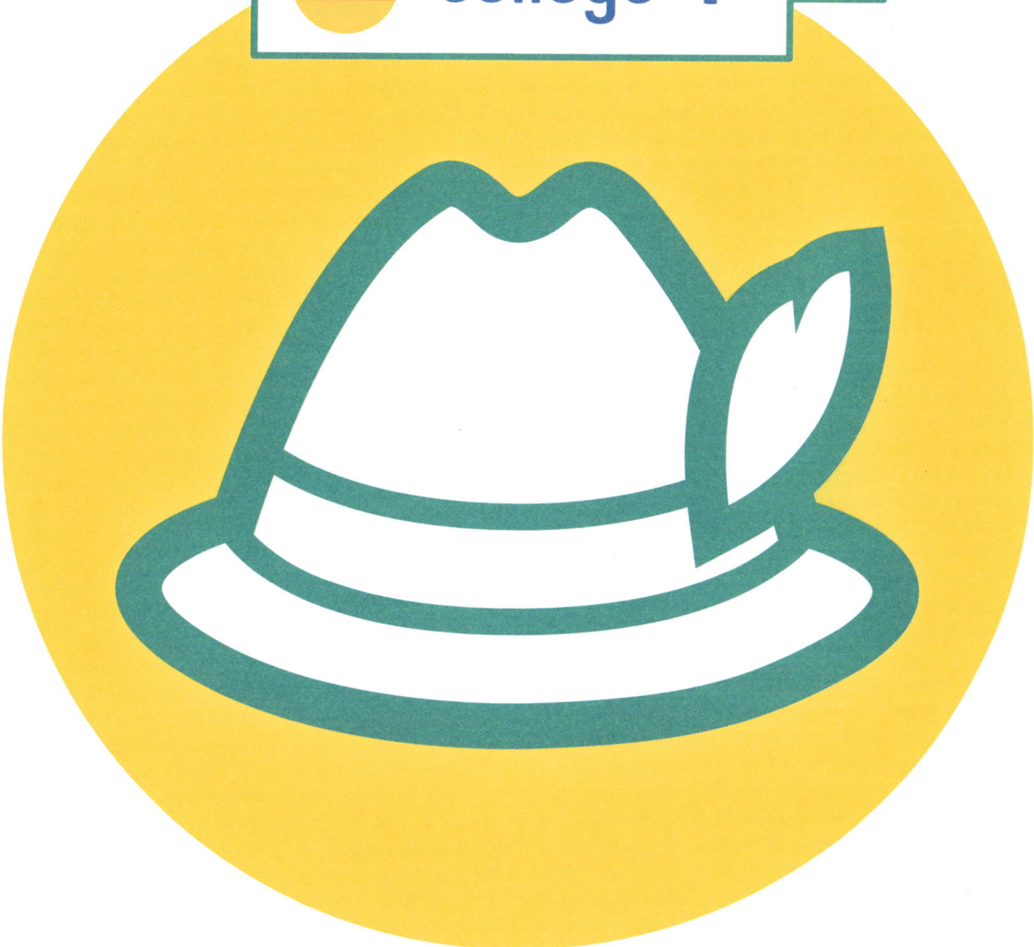

À propos de ce cahier

Tu viens de terminer la 4ᵉ et tu souhaites partir d'un bon pied en allemand l'année prochaine. Ce cahier est là pour t'y aider. Si tu es en LV1, il te permettra de réviser les points de grammaire étudiés au cours de toutes tes années d'allemand. Si tu es en LV2, il te permettra d'aller un peu plus loin que le programme étudié jusqu'ici.

Tu commenceras par la prononciation dans le module 0, puis tu enchaîneras avec 7 modules thématiques comme : Parler des vacances ; Présenter le programme d'un échange scolaire ; Décrire une personne / Se décrire… Chaque module thématique est composé de plusieurs petites leçons de grammaire, de banques de mots et d'expressions courantes, de textes ou d'informations culturelles, ainsi que de nombreux exercices variés et ludiques. Le dernier module, quant à lui, le numéro 8, est entièrement consacré à la déclinaison. Il reprend, approfondit et complète tous les points concernant la déclinaison et étudiés dans les modules précédents.

Enfin, ce cahier te permettra d'effectuer ton évaluation grâce aux icônes dessinées pour chaque exercice et que tu reporteras dans le bilan final de chaque module. ☺ pour une majorité de bonnes réponses, 😐 pour environ la moitié et ☹ pour moins de la moitié.

À toi de jouer maintenant. **Viel Spaß!** Amuse-toi bien !

Sommaire

Module 0 : Règles de base et prononciation 3

Module 1 : Die Sommerferien sind vorbei *Les vacances d'été sont finies* 9

Module 2 : Du willst ins Ausland? *Tu veux aller à l'étranger ?* 21

Module 3 : Jeder ist, wie er ist *Chacun est comme il est* 33

Module 4 : Ich bin fremd in dieser Stadt *Je ne suis pas de cette ville* 47

Module 5 : Wir gehen shoppen *Nous allons faire du shopping* 61

Module 6 : Gut, besser, am besten *Bien, mieux, le mieux* 77

Module 7 : Heute feiern wir! *Aujourd'hui, c'est la fête !* 89

Module 8 : Zum Thema Deklinationen *Au sujet des déclinaisons* 103

Tableaux de conjugaison 117

Solutions 123

Tableau d'autoévaluation 128

Règles de base et prononciation

Module 0

Objectifs

Étudier les principales prononciations des sons allemands

Pour cela, nous allons voir :

- autour des règles générales de la prononciation
- autour des voyelles **e**, **i**, **o**
- autour du **Umlaut**
- autour des diphtongues
- autour du **Ach-Laut** et du **Ich-Laut**
- autour des consonnes **s** et **ß**
- note aussi…

MODULE 0 : RÈGLES DE BASE ET PRONONCIATION

Autour des règles générales de la prononciation

- Dans la plupart des cas, toutes les lettres se prononcent.
- Il n'existe pas de liaison entre les mots.
- L'allemand comporte quelques sons que le français n'a pas (voir ci-dessous).

Autour des voyelles e, i, o

- La voyelle **e** est :
  - longue quand elle est doublée ou suivie d'un **h** et prononcée [é:] comme dans *Eh bien !* en allongeant le **e** ;
  - brève quand elle est suivie d'une double consonne ou plusieurs consonnes et prononcée [è] comme dans *père* ;
  - inaccentuée et légèrement prononcée [ë] quand elle est en fin de mot comme dans *œuf*.
- La voyelle **i** est :
  - longue quand elle est suivie d'un **e** [i:] comme dans le *tea* anglais ;
  - brève [i] quand elle n'est pas suivie d'un **e**. Le son est un mélange de [i] et [é].
- La voyelle **o** est :
  - longue [o:] quand elle est doublée, suivie d'un **h** ou suivie d'une seule consonne comme dans *Oh !* ;
  - brève [o] quand elle est suivie d'une double consonne ou plusieurs consonnes comme dans *gros*.

1 Classe les mots selon si la voyelle est brève ou longue.

- **a.** stellen, *poser*
- **b.** der See, *le lac*
- **c.** sehen, *voir*
- **d.** groß, *grand*
- **e.** zuerst, *d'abord*
- **f.** wollen, *vouloir*
- **g.** doof, *idiot*
- **h.** die Kohle, *le charbon*
- **i.** dann, *puis*
- **j.** die Hose, *le pantalon*
- **k.** der Riese, *le géant*

VOYELLE BRÈVE	VOYELLE LONGUE

MODULE 0 : RÈGLES DE BASE ET PRONONCIATION

2 Entoure la prononciation des « e » en gras dans les mots suivants.

a. ich s**e**he, *je vois*   [é:] [è] [ë]   d. ich l**e**be, *je vis*   [é:] [è] [ë]
b. ich seh**e**, *je vois*   [é:] [è] [ë]   e. der R**e**gen, *pluie*   [é:] [è] [ë]
c. ich r**e**nne, *je cours*   [é:] [è] [ë]   f. der Reg**e**n, *pluie*   [é:] [è] [ë]

Autour du *Umlaut*

- Le **a** se prononce [a] et **ä** [è] comme dans *père*.
- Le **o** se prononce [o] et **ö** [eu] comme dans *peu*.
- Le **u** se prononce [ou] comme dans *cou* et **ü** [u] comme dans *tutu*.

Suivies d'un **h** ou d'une seule consonne, les voyelles **a/o/u** avec ou sans **Umlaut** sont généralement longues ; elles sont courtes après une double consonne ou plusieurs consonnes.

3 Indique la prononciation de la voyelle et ajoute un double point si elle est longue.

a. sch**ö**n, *beau* [............]   f. S**ö**hne, *les fils* (pl.) [............]
b. er f**ä**hrt, *il roule* [............]   g. k**ü**ssen, *embrasser* [............]
c. s**ü**ß, *mignon/sucré* [............]   h. er f**ä**llt, *il tombe* [............]
d. sch**o**n, *déjà* [............]   i. F**ü**ße, *les pieds* [............]
e. ihr k**ö**nnt, *vous pouvez* [............]   j. m**ü**ssen, *devoir* [............]

Autour des diphtongues

- La diphtongue **au** se prononce [aou] comme dans *Saoudite*.
- Les diphtongues **äu/eu** se prononcent [oï] comme dans *la langue d'oïl*.
- La diphtongue **ei** équivaut à [aï] comme dans *ail*.

MODULE 0 : RÈGLES DE BASE ET PRONONCIATION

4 **Indique la prononciation de la diphtongue.**

a. das **Ei**, *l'œuf* [............]
b. das H**au**s, *la maison* [............]
c. L**eu**te, *les gens* [............]

d. B**äu**me, *les arbres* [............]
e. bl**au**, *bleu* [............]
f. dr**ei**, *trois* [............]

Autour du *Ach-Laut* et du *Ich-Laut*

- Le **Ach-Laut** : après **a**, **au**, **o** et **u**, le groupe **ch** se prononce comme un [r] raclé venant de la gorge.
- Le **Ich-Laut** : après **ä**, **e**, **ei**, **eu**, **i**, **ie**, **ö** et **ü**, le groupe **ch** se prononce chuinté, avec la bouche placée comme pour sourire.

5 **Souligne en rouge les mots avec un *Ach-Laut* et en bleu les mots avec un *Ich-Laut*.**

a. Ich heiße Jochen, bin achtzehn Jahre alt und komme aus Österreich.
   Je m'appelle Jochen, j'ai 18 ans et je viens d'Autriche.

b. Ich suche einen Teppich für mein Zimmer.
   Je cherche un tapis pour ma chambre.

c. Was möchtet ihr machen?
   Qu'est-ce que vous aimeriez faire ?

d. Das Buch liegt auf dem Tisch in der Küche.
   Le livre est sur la table dans la cuisine.

Autour du s et ß

- Le **s** se prononce [z] comme dans *zèbre* en début de mot/syllabe (**sagen**, *dire*), entre deux voyelles (**Besen**, *balais*) et entre **l**, **m**, **n**, **r** et une voyelle (**also**, *alors*).
- En début de mot/syllabe, le **s** se prononce [ch] devant **p** et **t** (**Spiel**, *jeu* ; **Stein**, *pierre*) comme dans *chti*.
- Après une voyelle courte, le **s** se prononce [ss] comme dans *assez* en fin de mot (**Bus**, *bus*), doublé (**dass**, *que*) et dans les autres cas ne correspondant pas à ceux de ci-dessus.
- Après une voyelle longue, le **ß** se prononce [ss] comme dans *bis* : (**weiß**, *blanc*).

MODULE 0 : RÈGLES DE BASE ET PRONONCIATION

6 **Classe les mots suivants dans le tableau, selon la prononciation du -s/-ß.**

lassen, *laisser* • suchen, *chercher* • beißen, *mordre*
stellen, *poser* • fernsehen, *regarder la télé*
sprechen, *parler* • das, art. déf. neutre • lesen, *lire*

[Z]	[SS]	[CH]

Note aussi…

- Le **g** se prononce toujours [g] comme dans *gâteau*.
- Le **H** est aspiré, [H], lorsqu'il est placé en début de mot. Il se prononce comme dans le *hello* anglais.
- Le **j** se prononce [y] comme dans *yacht*.
- Le **r** et le groupe **er** en fin de mot ne sont pas accentués et se prononcent comme un léger [a].
- Le **v** se prononce [f] comme dans *famille* mais [w] dans **Vase**.
- Le **w** se prononce [v] comme dans *voyage*.

MODULE 0 : RÈGLES DE BASE ET PRONONCIATION

Bilan

☺ 😐 ☹

Autour des voyelles *e*, *i*, *o*
1. ....
2. ....

Autour du *Umlaut*
3. ....

Autour des diphtongues
4. ....

Autour du *Ach-Laut* et du *Ich-Laut*
5. ....

Autour du *s* et *ß*
6. ....

Die Sommerferien sind vorbei

Objectifs

- **Parler des vacances au passé**
  Pour cela, nous allons voir :
  - le présent de l'indicatif des verbes **sein**, *être*, **haben**, *avoir*, **werden**, *devenir*, des verbes réguliers et irréguliers
  - les pronoms personnels au nominatif
  - le parfait des verbes réguliers et irréguliers
  - une liste de lieux et d'activités de vacances

- **Raconter dans un ordre chronologique et au passé le déroulement de ses vacances**
  Pour cela, nous allons voir :
  - les connecteurs chronologiques
  - les noms de pays et les prépositions **in** et **nach**, *à/en*

- **Commenter un calendrier des vacances scolaires**
  Pour cela, nous allons voir :
  - les nombres ordinaux
  - un calendrier des vacances scolaires
  - les pronoms interrogatifs **wann**, *quand* / **von wann bis wann**, *de quand à quand* et les formes contractées (préposition + article) **am**, *le* / **vom… bis zum…**, *du… au*

- **POINT CULTURE**
  Fiche technique sur l'Allemagne

Module 1

MODULE 1 : DIE SOMMERFERIEN SIND VORBEI

Le présent de l'indicatif

Tu vas commencer par revoir la règle du présent de l'indicatif avec des verbes qui te serviront pour parler des vacances.

Le présent de l'indicatif s'utilise pour exprimer un fait/une action dans le présent et souvent aussi dans le futur (cf. module 7).

- **Sein**, *être*, **haben**, *avoir* et **werden**, *devenir* ont une conjugaison irrégulière.
- Les verbes réguliers (dits faibles) se conjuguent sur le radical du verbe + les terminaisons **-e**, **-st**, **-t**, **-en**, **-t**, **-en**. Certains verbes réguliers présentent des particularités phonétiques. Les verbes terminés en **-d**, **-t** ou plusieurs consonnes prennent un **e** phonétique aux 2e et 3e personnes du singulier et à la 2e personne du pluriel ; les verbes terminés en **-s**, **-ß**, **z** prennent juste un **t** à la 2e personne du singulier.
- Les verbes irréguliers (dits forts) subissent un changement de voyelle aux 2e et 3e personnes du singulier. Cette irrégularité concerne certains verbes en **a** et **e** : l'**a** devient **ä**, le **e** devient **i** ou **ie**. Là aussi, certains verbes présentent des particularités phonétiques. Les verbes terminés en **-d**, **-t** ou plusieurs consonnes prennent un **e** phonétique à la 2e personne du pluriel ; les verbes terminés en **-s**, **-ß**, **-z** prennent juste un **t** à la 2e personne du singulier.

Souviens-toi que **-en** est la terminaison infinitive de la grande majorité des verbes et **-n** pour les autres verbes.

1. Complète le tableau avec : *werde*, *bin*, *haben* (2x), *sind* (2x), *wirst*, *werdet* et *hast*

	sein	haben	werden		sein	haben	werden
ich		habe		wir			werden
du	bist			ihr	seid	habt	
er/sie/es	ist	hat	wird	sie/Sie			werden

2. Complète les conjugaisons manquantes.

	verbe régulier **planen**, *planifier*	verbe régulier terminé en **-s** **reisen**, *voyager*	verbe régulier terminé en **-d** **landen**, *atterrir*	verbe irrégulier **fahren**, *aller/rouler*
ich				fahre
du			landest	fährst
er/sie/es	plant	reist		
wir				fahren
ihr		reist		
sie/Sie	planen		landen	

MODULE 1 : DIE SOMMERFERIEN SIND VORBEI

Les pronoms personnels au nominatif

- **ich**, **du**, **er**, **wir** = *je*, *tu*, *il*, *nous*
- **sie** avec **s** minuscule = *elle* et *ils/elles*
- **es** = neutre singulier
- **ihr** = *vous* quand on tutoie plusieurs personnes
- **Sie** avec **S** majuscule = *vous* quand on vouvoie une ou plusieurs personnes

Banque de mots

die Ferien (pl.)	les vacances
in die Ferien fahren	partir en vacances

3 Indique le pronom personnel correspondant à chaque nom / groupe nominal.

a. Anna ➜ .... fährt in die Ferien.

b. Anna und du ➜ .... fahrt in die Ferien.

c. Anna und ich ➜ .... fahren in die Ferien.

d. Anna und Léo ➜ .... fahren in die Ferien.

e. Léo ➜ .... fährt in die Ferien.

Le parfait des verbes réguliers et irréguliers

Pour relater un fait au passé, on emploie généralement le parfait pour les verbes réguliers et irréguliers. Il est l'équivalent du passé composé en français. Le parfait se construit avec l'auxiliaire **haben** ou **sein** au présent + le participe passé. Celui-ci est invariable et se place en dernière position.

- **Formation du participe passé**
  - verbes réguliers : **ge** + radical de l'infinitif + **(e)t**. Le **e** phonétique s'ajoute aux verbes terminés en -**d**, -**t** ou plusieurs consonnes.

  baden ➜ ge**bade**t, *baigné*   **landen** ➜ ge**lande**t, *atterri*
  planen ➜ ge**plan**t, *organisé*   **wohnen** ➜ ge**wohn**t, *habité*
  buchen ➜ ge**buch**t, *réservé*   **machen** ➜ ge**mach**t, *fait*
  reisen ➜ ge**reis**t, *voyagé*

  - verbes irréguliers : **ge** + radical du verbe + **en** ; le radical est quelquefois identique à l'infinitif et d'autres fois non. Note bien qu'un verbe irrégulier au présent de l'indicatif est toujours irrégulier au parfait. Par contre, certains verbes réguliers au présent peuvent être irréguliers au parfait.

  bleiben ➜ ge**blieb**en, *resté*   **sein** ➜ ge**wes**en, *été*
  gehen ➜ ge**gang**en, *allé*   **fliegen** ➜ ge**flog**en, *volé/allé en avion*
  fahren ➜ ge**fahr**en, *allé/roulé*

MODULE 1 : DIE SOMMERFERIEN SIND VORBEI

- **Choix de l'auxiliaire**
  - La plupart des verbes forment leur parfait avec l'auxiliaire **haben** : a) verbes transitifs (avec complément d'objet) : **Er hat eine Reise gebucht** ➜ *Il a réservé un voyage*. b) verbes pronominaux : **Er hat sich gefreut** ➜ *Il s'est réjoui*. c) verbes marquant un état / une position : **Er hat bei einer Familie gewohnt** ➜ *Il a habité chez une famille*.
  - Les verbes intransitifs (sans complément d'objet) exprimant un mouvement, changement de lieu/d'état forment leur parfait avec l'auxiliaire **sein**. **Er ist nach Deutschland gefahren** ➜ *Il est allé en Allemagne* ; **Er ist viel gereist** ➜ *Il a beaucoup voyagé*. Et attention ! Les verbes **bleiben**, *rester* et **sein**, *être* (bien qu'ils n'expriment pas de mouvement) forment également leur parfait avec l'auxiliaire **sein**. **Ich bin in Berlin geblieben** ➜ *Je suis resté à Berlin* ; **Ich bin in Berlin gewesen** ➜ *Je suis allé à Berlin* (**ich bin gewesen**, *j'ai été* se traduit par *je suis allé*).

Banque de mots

der Berg (e)	*la montagne*
das Meer (e)	*la mer*
das Land (sing.)	*la campagne* (mais das Land / die Länder, *pays*)
in die Berge / ans Meer / aufs Land fahren	*aller à la montagne/mer/campagne*

der Bauernhof (¨e)	*la ferme*
Urlaub auf dem Bauernhof machen	*passer ses vacances à la ferme*
die Radtour (en)	*le tour à vélo*
das Surfcamp (s)	*le camp de surf*
das Sprachcamp (s)	*le camp de langues*
in ein Surfcamp / Sprachcamp gehen	*aller dans un camp de surf / de langues*
der Sprachkurs (e)	*le cours de langue*
der Surfkurs (e)	*le cours de surf*

MODULE 1 : DIE SOMMERFERIEN SIND VORBEI

4 Mets les phrases suivantes au parfait.

a. Léo fährt aufs Land.
....

b. Ich gehe in ein Sprachcamp.
....

c. Wir machen Urlaub auf dem Bauernhof.
....

d. Die Kinder machen eine Radtour.
....

5 Complète les phrases avec les mots de la banque de mots précédente et correspondant aux pictos.

	a. Ich bin mit meiner Freundin in ein .... gegangen.
	b. Wir sind ans .... gefahren.
	c. Die Kinder haben eine .... gemacht.
	d. Elena und Tobias sind in die .... gefahren.

6 Voici une liste d'activités que tu as pu faire pendant tes vacances. Complète ces phrases par *haben* ou *sein*.

a. (**schwimmen**, *nager*) Ich .... geschwommen. ➜ *J'ai nagé.*

b. (**lesen**, *lire*) Ich .... viel gelesen. ➜ *J'ai beaucoup lu.*

c. (**schlafen**, dormir) Ich .... jeden Morgen bis 11 geschlafen.
➜ *J'ai dormi tous les matins jusqu'à 11 heures.*

d. (**wandern**, *faire de la randonnée*) Ich .... gewandert.
➜ *J'ai fait de la randonnée.*

e. (**chillen**, fam. et d'origine angl., *se la couler douce*)
Ich .... gechillt. ➜ *Je me la suis coulée douce.*

MODULE 1 : DIE SOMMERFERIEN SIND VORBEI

Les connecteurs chronologiques

Pour indiquer une chronologie, on utilise les connecteurs chronologiques **zuerst**, *d'abord*, **dann**, *puis* et **zum Schluss**, *finalement /pour finir*. On les place souvent en première position, directement suivis du verbe conjugué. Souviens-toi que si la première place d'une phrase déclarative est occupée par un complément (comme un connecteur chronologique), le sujet passe derrière le verbe conjugué.

Zuerst bin ich in ein Surfcamp gegangen
➜ *D'abord, je suis allée dans un camp de surf.*
Dann bin ich in die Berge gefahren ➜ *Puis, je suis allée à la montagne*
und zum Schluss bin ich mit meiner Familie ans Meer gefahren ➜ *et pour finir je suis allée à la mer avec ma famille.*

7 Réécris les textos surlignés en jaune en respectant la chronologie et l'ordre des mots dans la phrase.

a. Hi, wie geht's ? Was hast du in den Ferien gemacht?
Dann bin ich in ein Sprachcamp gegangen / Zuerst war ich zu Hause / Zum Schluss bin ich mit meiner Familie ans Meer gefahren

....
....
....

b. Es war super! Und was hast du gemacht?
Zuerst bin ich mit Anna in die Berge gefahren / Zum Schluss habe ich mit meiner Familie Urlaub auf dem Bauernhof gemacht / Dann habe ich eine Radtour gemacht.

....
....
....

MODULE 1 : DIE SOMMERFERIEN SIND VORBEI

Les noms de pays et les prépositions *in* et *nach*, *à/en*

Les vacances peuvent être l'occasion d'aller dans un autre pays ou plusieurs autres pays. Beaucoup de noms de pays sont proches du français, voire identiques. Certains le sont moins comme **Deutschland**, *Allemagne*. Excepté **die Schweiz**, *la Suisse* (féminin), **die Türkei**, *la Turquie* (féminin), **die Vereinigten Staaten/USA**, *les États-Unis/USA* (pluriel) et quelques autres exceptions, les noms de pays ne prennent pas d'article en allemand.

Souviens-toi que les noms de pays sans article se construisent avec **nach**, *à/en* pour exprimer un directionnel et **in**, *à/en* pour exprimer un locatif ; ceux avec article se construisent avec **in**, *à/en* dans les deux cas.

Ich bin nach Frankreich / in die* Schweiz gefahren ➜ *Je suis allé en France / en Suisse.*

Ich war in Frankreich / in der* Schweiz ➜ *J'étais en France / en Suisse.*

* Pour la déclinaison de l'article, voir module 3.

8 Retrouve la traduction et le drapeau correspondant à chaque nom de pays.

a. Italien •	• 1. Grèce •	• A. 🇬🇧
b. Griechenland •	• 2. France •	• B. 🇯🇵
c. Spanien •	• 3. Espagne •	• C. 🇬🇷
d. Österreich •	• 4. Italie •	• D. 🇫🇷
e. Großbritannien •	• 5. Russie •	• E. 🇷🇺
f. Frankreich •	• 6. Japon •	• F. 🇮🇹
g. Japan •	• 7. Autriche •	• G. 🇦🇹
h. Russland •	• 8. Grande-Bretagne •	• H. 🇪🇸

MODULE 1 : DIE SOMMERFERIEN SIND VORBEI

9 *In* ou *nach* ? À toi de jouer !

a. Zuerst bin ich .... Italien gefahren, dann .... Frankreich und zum Schluss .... die Schweiz.

b. Zuerst haben wir einen Sprachkurs .... den USA gemacht. Dann haben wir einen Surfkurs .... Spanien gemacht.

Les nombres ordinaux

Les nombres ordinaux permettent de dire la date. Ils se construisent comme suit :
- Le 1er se dit **der erste**.
- De 2e à 19e, on utilise le cardinal + **te** : *le 2e* → **der** zweite, *le 10e* → zehnte. Irrégularités : *le 3e* → **der** dritte et *le 7e* → **der** siebte.
- À partir de 20 : cardinal + **-ste** : *le 22e* → **der** zweiundzwanzigste.

Écrits en chiffres, les nombres ordinaux prennent toujours un point : **der 1.** ; **der 2.**, etc.

10 Écris les nombres ordinaux en toutes lettres.

a. der 4. → ....
b. der 12. → ....
c. der 24. → ....
d. der 31. → ....

Calendrier des vacances scolaires

L'Allemagne est divisée en 16 **Bundesländer**, *Länder* (États fédéraux) et les dates des vacances scolaires varient selon le **Bundesland**, *Land*. Voici les dates des vacances d'été dans cinq *Länder* différents. Elles durent six semaines et s'étalent de mi-juin à mi-septembre selon les régions.

SOMMERFERIEN 20… nach Bundesland	
Vacances d'été 20… selon le Land	
Bayern *Bavière*	29.07 – 11.09
Berlin *Berlin*	05.07 – 17.08
Hamburg *Hambourg*	05.07 – 15.08
Hessen *Hesse*	25.06 – 03.08
Thüringen *Thuringe*	02.07 – 11.08

MODULE 1 : DIE SOMMERFERIEN SIND VORBEI

L'emploi de *wann, quand / (von wann) bis wann, (de quand) jusqu'à quand* et *am, le / vom … bis zum …, du … au …*

- À la question **Wann beginnen/enden…?** *Quand commencent/terminent… ?* on répond par **am**, *le* + date.
  Wann beginnen die Sommerferien in Berlin? – **Am** 5. (fünften) Juli
  ➜ *Quand commencent les vacances d'été à Berlin ? – Le 5 juillet.*

- À la question **Bis wann gehen…?** *Jusqu'à quand sont… ?* (litt. *vont*), on répond **Bis zum …** et à la question **Von wann bis wann sind…?** *De quand à quand sont… ?* on répond **Vom … bis zum …** *Du … au* + date.
  Bis wann gehen die Sommerferien in Berlin? – **Bis zum** 17. (siebzehnten) August. ➜ *Jusqu'à quand sont les vacances d'été à Berlin ? – Jusqu'au 17 août.*
  Von wann bis wann sind die Sommerferien in Berlin? – **Vom** 5. (fünften) Juli **bis zum** 17. (siebzehnten) August. ➜ *De quand à quand sont les vacances d'été à Berlin ? – Du 5 juillet au 17 août.*

En allemand, certaines prépositions se contractent avec l'article : **am** est la contraction de **an + dem** et **vom … bis zum** de **von dem … bis zu dem**. Il s'agit d'un datif et, attention, le nombre ordinal prend un **-n** à la fin. (cf. module 3).

11 Réponds aux questions en indiquant les dates en chiffres, et entre parenthèses en lettres.

Banque de mots

Juni	*juin*
Juli	*juillet*
August	*août*
September	*septembre*

a. Wann beginnen die Sommerferien in Hessen?
➜ ....

b. Wann enden die Sommerferien in Bayern?
➜ ....

c. Von wann bis wann sind die Sommerferien in Thüringen?
➜ ....

12 Pose les questions correspondant aux réponses.

a. ....
➜ Bis zum 3. (dritten) August.

b. ....
➜ Vom 2. (zweiten) Juli bis zum 11. (elften) August.

c. ....
➜ Am 25. (fünfundzwanzigsten) Juni.

BUNDESREPUBLIK DEUTSCHLAND
République fédérale d'Allemagne

13 Lis ces différentes informations sur l'Allemagne à l'aide des lexiques de vocabulaire et remplis la fiche technique.

Deutschland hat **eine Fläche**[1] von 357 578 **Quadratkilometern**[2] und **zählt**[3] **rund**[4] 83 **Millionen**[5] **Einwohner**[6].

1. **die Fläche die** (n), *la superficie/surface* 2. **der Quadratkilometer** (-), *le kilomètre carré* 3. **zählen**, *compter* 4. **rund**, *environ* 5. **die Million (en)**, *le(s) million(s)*, abrégé **Mio.** 6. **der Einwohner** (-), *l'habitant.*

Die größte Stadt Deutschlands[1] ist auch **die Hauptstadt**[2]: Berlin mit rund 3,6 Millionen Einwohnern. Hamburg zählt rund 1,8 Mio. Einwohner, München rund 1,6 Mio. und Köln rund 1,1 Mio.

1. **die Stadt (¨e)**, *la ville* (**die größte Stadt Deutschlands**, *la plus grande ville d'Allemagne*) 2. **die Hauptstadt (¨e)**, *la capitale.*

Im Norden[1] **befinden sich**[2] die **Nordsee** und **die Ostsee**[3], im **Süden**[1] **die Alpen**[4]. Der **höchste**[5] Berg ist **die Zugspitze**[5] mit einer **Höhe**[6] von 2 962 **Metern**[7]. Die **längsten Flüsse**[8] sind **die Donau**[9] (2 810 km **Länge**[10], **davon**[11] **fließen** 647 km **durch**[12] Deutschland) und **der Rhein**[9], (1 233 km Länge, davon fließen 865 km durch Deutschland).

1. **im Norden/Süden**, *au Nord/Sud* 2. **befinden sich**, *se trouver* 3. **die Nordsee, die Ostsee**, *la mer du Nord, mer Baltique* 4. **die Alpen**, *les Alpes* 5. **höchst-**, *plus haut* (**die Zugspitze** = *plus haute montagne en Allemagne*) 6. **die Höhe (n)**, *la hauteur* 7. **der Meter** (-), *le mètre* 8. **der Fluss (¨e)**, *le fleuve* (**der längste Fluss**, *le plus long fleuve*) 9. **die Donau und der Rhein**, *le Danube et le Rhin* 10. **die Länge (n)**, *la longueur* 11. **davon**, *dont* 12. **fließen durch**, *traverser.*

MODULE 1 : POINT CULTURE

BUNDESREPUBLIK DEUTSCHLAND

a. Fläche: ....

b. Einwohnerzahl[1]: ....

c. Hauptstadt (Name und Einwohnerzahl): ....
....

d. Andere[2] Millionenstädte: ....

e. Meere im Norden (Namen): ....

f. Berge im Süden (Namen): ....

g. Höchster Berg (Name und Höhe): ....

h. Flüsse (Name, Gesamtlänge[3], Länge in Deutschland): ....
....
....
....

1. **die Einwohnerzahl**, *le nombre d'habitants* 2. **a**n**der-**, *autre* 3. **die Gesamtlänge**, *la longueur totale*

MODULE 1 : DIE SOMMERFERIEN SIND VORBEI

Bilan

🙂 😐 ☹️

Le présent de l'indicatif
1. .... ☐☐☐
2. .... ☐☐☐

Les pronoms personnels au nominatif
3. .... ☐☐☐

Le parfait des verbes réguliers et irréguliers
4. .... ☐☐☐
5. .... ☐☐☐
6. .... ☐☐☐

Les connecteurs chronologiques
7. .... ☐☐☐

Les noms de pays et les prépositions *in* et *nach*, à/en
8. .... ☐☐☐
9. .... ☐☐☐

Les nombres ordinaux
10. .... ☐☐☐

L'emploi de *wann*, quand / *(von wann) bis wann*, (de quand) jusqu'à quand et *am*, le / *vom … bis zum …*, du … au …
11. .... ☐☐☐
12. .... ☐☐☐

Point Culture
13. .... ☐☐☐

Du willst ins Ausland?

Objectifs

- **Présenter les grandes lignes d'un programme d'échange**
  Pour cela, nous allons voir :
  - les noms composés sur **Austausch**, *échange*
  - les verbes à particule au présent de l'indicatif
  - du vocabulaire thématique
  - le verbe **teilnehmen an**, *participer à*

- **Poser sa candidature pour un échange scolaire**
  Pour cela, nous allons voir :
  - l'emploi de **ich möchte…**, *j'aimerais (bien)…*
  - la phrase interrogative et les pronoms interrogatifs en **w-**
  - un formulaire d'inscription

- **Parler de son échange scolaire au passé et faire un récit**
  Pour cela, nous allons voir :
  - les verbes à particule au parfait
  - le prétérit de **haben**, *avoir* et **sein**, *être*
  - le récit d'un échange scolaire

- **POINT CULTURE**
  DFJW Deutsch-französisches Jugendwerk,
  OFAJ office franco-allemand pour la jeunesse

Module 2

MODULE 2 : DU WILLST INS AUSLAND?

Les noms composés sur *Austausch*, échange

Tu auras sûrement déjà appris que, en allemand, il existe de nombreux noms composés. Voici plusieurs exemples composés sur **Austausch**, *échange*. Souviens-toi que leur genre et leur pluriel sont déterminés par le dernier terme.

der Schüler + der Austausch
➜ **der Schüleraustausch**, *l'échange scolaire* (litt. élèves échange)

der Austausch + der Partner (-)/die Partnerin (nen)
➜ **der Austauschpartner (-)/die Austauschpartnerin (nen)**,
le correspondant/la correspondante (litt. échange correspondant(e))

der Austausch + die Organisation, *l'organisation*
➜ **die Austauschorganisation**, *l'organisation d'échange*

der Austausch + das Programm, *le programme*
➜ **das Austauschprogramm**, *le programme d'échange*

Note aussi : **die Gastfamilie (n)**, *la famille d'accueil*, qui est un nom composé sur **der Gast (¨e)** *l'hôte* (au sens de « celui qui accueille »)
+ **die Familie (n)**, *la famille*

1 Complète les phrases en utilisant le vocabulaire de la leçon.

a. Ich möchte einen .... machen.
➜ *J'aimerais faire un échange scolaire.*

b. Meine .... heißt Lea und ist 14.
➜ *Ma correspondante s'appelle Léa et a 14 ans.*

c. Hier ist das ....
➜ *Voici le programme d'échange.*

d. Wie heißt dein .... ?
➜ *Comment s'appelle ton correspondant ?*

e. Kennst du eine gute .... für Österreich?
➜ *Connais-tu une bonne organisation d'échange pour l'Autriche ?*

f. Meine .... ist sehr nett.
➜ *Ma famille d'accueil est très gentille.*

MODULE 2 : DU WILLST INS AUSLAND?

Les verbes à particule au présent de l'indicatif

De nombreux verbes allemands comportent une particule. On distingue plusieurs catégories de particules dont :

- **particules inséparables :** il existe en tout huit particules que tu retiendras plus facilement grâce à ce moyen mnémotechnique : **zer-, be-, er-** (*Cerbère*) **ge-, miss-** (*gémit*) **emp-** (*en*) **ent-, ver-** (*enfer*). Au présent de l'indicatif (et tout autre temps simple), la particule reste collée au verbe. La conjugaison d'un verbe à particule inséparable est donc la même que pour un verbe sans particule. Exemple avec **verbringen**, *passer* (un moment, des vacances) :
Ich verbringe zwei Monate in Berlin ➜ *Je passe deux mois à Berlin.*
Verbringst du auch zwei Monate in Berlin? ➜ *Tu passes aussi deux mois à Berlin ?*

- **particules séparables :** elles sont nombreuses et au présent de l'indicatif (et tout autre temps simple), elles se séparent du verbe pour se placer en dernière position. Exemples avec **teilnehmen an**, *participer à* :
Ich nehme an einem Schüleraustausch teil ➜ *Je participe à un échange scolaire.*
Nehmt ihr an einem Schüleraustausch teil? ➜ *Vous participez à un échange scolaire ?*

Voici d'autres verbes à particule – la barre oblique indique que la particule est séparable – ainsi que du vocabulaire pour l'exercice à suivre.

Banque de mots

statt/finden, *avoir lieu*

auf/nehmen, *accueillir* (conjugaison irrégulière aux 2e et 3e personnes du singulier.)
➜ ich nehme auf, du nimmst auf, er nimmt auf, wir nehmen auf…

entdecken, *découvrir*

verbessern, *améliorer*

der Unterricht, *le cours*
➜ **am Unterricht**, *au(x) cours*

die Sprachkenntnisse, *les connaissances linguistiques*

das Land (¨er), *le pays*

die Tradition (en), *la tradition*

zwischen der 8. und 11. Klasse, *entre la 8e et 11e classe* (= quatrième et première)

das Ausland, *l'étranger*
➜ **im Ausland**, *à l'étranger*

bei dir, *chez toi*

der Tutor (en), *le tuteur*

MODULE 2 : DU WILLST INS AUSLAND?

2 Complète les phrases avec les six verbes à particule de la leçon. Chaque verbe est employé une fois.

a. Du .... deine Sprachkenntnisse und .... ein Land und seine Traditionen.

b. Der Schüleraustausch .... zwischen der 8. und 11. Klasse ....

c. Du .... zwei oder drei Monate im Ausland.

d. Du gehst dort in die Schule und .... am Unterricht ....

e. Du .... dein(e) Austauschpartner(in) bei dir ....

Le verbe *teilnehmen an*, participer/assister à

ich nehme an (+D) … teil   wir nehmen an (+D) … teil
du nimmst an (+D) … teil   ihr nehmt an (+D) … teil
er/sie/es nimmt an (+D) … teil   sie/Sie nehmen an (+D) … teil

Ce verbe comporte plusieurs particularités :
- il est irrégulier aux 2ᵉ et 3ᵉ personnes du singulier ;
- il comporte une particule séparable, **teil** ;
- il se construit avec la préposition **an** + complément datif.

Exemples :
Nimmst du auch am Französischunterricht teil?
→ *Assistes-tu aussi au cours de français ?*
Unsere Klasse nimmt am Schüleraustausch teil
→ *Notre classe participe à l'échange scolaire.*

3 Traduis les phrases en employant le verbe *teilnehmen* + les compléments : *am Ausflug*, à l'excursion ; *an einem Picknick*, à un pique-nique ; *am Infoabend*, à la soirée d'information ; *am Sprachunterricht*, au cours de langue.

a. Les correspondants participent à un pique-nique.

....

b. Nous participons à l'excursion.

....

c. Elle assiste au cours de langue.

....

d. Léa et Elena assistent à la soirée d'information.

....

MODULE 2 : DU WILLST INS AUSLAND?

Emploi de *ich möchte (gern)*... → *j'aimerais (bien)*...

ich möchte   wir möchten
du möchtest   ihr möchtet
er/sie/es möchte   sie/Sie möchten

Il s'agit du mode conditionnel du verbe **mögen**, *(bien) aimer.* Il exprime un souhait/désir et se traduit par *aimer* au conditionnel ou par *désirer* au présent et peut être complété par **gern**, *volontiers/bien.*

Wohin möchtest du gehen? → *Où désires-tu aller ?*
Ich möchte gern nach Berlin gehen → *J'aimerais bien aller à Berlin.*

4 Complète les phrases avec *möcht...* et les mots suivants : *Austauschschüler, Sprachkenntnisse, Ausland, Schüleraustausch.*

a. Ich .... gern sechs Wochen im .... verbringen.
   → *J'aimerais passer six semaines à l'étranger.*

b. Lea .... gern einen .... mit Österreich machen.
   → *Léa aimerait faire un échange scolaire avec l'Autriche.*

c. Sie (plur.) .... einen deutschen .... aufnehmen.
   → *Ils aimeraient accueillir un correspondant allemand.*

d. .... du deine .... verbessern?
   → *Désires-tu améliorer tes connaissances linguistiques ?*

La phrase interrogative et les pronoms interrogatifs en *w-*

On distingue deux types de phrases interrogatives :
- l'interrogative globale qui commence par le verbe conjugué : **Wohnst du hier?** *Tu habites ici ?* On répond par **ja**, *oui* ou **nein**, *non.*
- l'interrogative partielle qui commence par un pronom interrogatif suivi du verbe conjugué : **Wo wohnst du?** *Où habites-tu ?*

En allemand, les pronoms interrogatifs commencent tous par un **w-**. Révise la liste ci-contre avant de passer à l'exercice.

Les pronoms interrogatifs

wer	*qui* (nominatif)
wo	*où* (locatif)
wohin	*où* (directionnel)
woher	*d'où*
warum	*pourquoi*
wie	*comment*
wie lange	*combien de temps*
wie alt	*quel âge*

25

MODULE 2 : DU WILLST INS AUSLAND ?

5 Voici une liste de questions/réponses à connaître par cœur. Elles te serviront aussi bien lors d'une interview pour un échange scolaire que sur place, dans le pays d'accueil. Ajoute les pronoms interrogatifs ou dans le cas d'une interrogative globale, modifie la première lettre du verbe en majuscule.

a. .... ist dein Name? – Sophie Leblanc.

b. .... bist du? – Ich bin 14.

c. .... kommst du? – Aus Frankreich.

d. .... wohnst du? – In Lyon.

e. .... möchtest du in Österreich bleiben? – Zwei Monate.

f. ....ist dein Tutor? – Herr Schneider.

g. .... möchtest du am Austauschprogramm teilnehmen? Ich möchte mein Deutsch verbessern und Österreich entdecken.

h. .... möchtest du gehen? Nach Österreich.

i. .... sprichst du Deutsch? Ja.

Formulaire d'inscription

Tu auras certainement déjà étudié une partie du vocabulaire employé dans une fiche d'inscription, comme **Vorname**, *prénom* ; **Hobbys**, *hobbys*... Tu vas avoir l'occasion de tester tes connaissances dans l'exercice suivant. La liste qui suit fournit des mots plus compliqués.

Banque de mots

das Geschlecht (er)	le sexe
männlich/weiblich/divers	masculin/féminin/divers
das Geburtsdatum	la date de naissance
das Festnetz	le téléphone fixe
das Handy (s)	le téléphone portable

6 Remplis ce formulaire ci-contre en te référant aux informations ci-dessous.

Ich bin in der 4ᵉ auf dem Collège Edmond Rostand ; Ich wohne in Lyon, 5 rue Victor Hugo ; Ich spreche Französisch, Englisch und Deutsch ; Ich spiele Tennis und Klavier ; Ich heiße Sophie Leblanc und bin am 20. 06. 20... geboren ; Meine Handynummer ist: 06 08 89 68 34.

MODULE 2 : DU WILLST INS AUSLAND?

AUSTAUSCHPROGRAMM

a. Vorname: ....
b. Familienname: ....
c. Geburtsdatum: ....
d. Geschlecht: männlich ☐   weiblich ■   divers ☐
e. Schule und Klasse in Frankreich: ....
f. Hobbys: ....
g. Sprachkenntnisse: ....
h. Adresse: ....
i. Telefonummern: 01 45 76 23 (Festnetz)/.......................... (Handy)

Les verbes à particule au parfait

Dans le cas des verbes à :
- **particule inséparable**, le participe passé se forme sans **ge-** ;
- **particule séparable**, le **ge-** vient s'intercaler entre la particule et le verbe.

Autrement, la règle est la même que pour les verbes réguliers et irréguliers.
auf/nehmen ➜ hat ... aufgenommen, *a accueilli*
empfangen ➜ hat ... empfangen, *a accueilli*
entdecken ➜ hat ... entdeckt, *a découvert*
statt/finden ➜ hat ... stattgefunden, *a eu lieu*
teil/nehmen ➜ hat ... teilgenommen, *a participé*
verbessern ➜ hat ... verbessert, *a amélioré*
verbringen ➜ hat ... verbracht, *a passé*

N.B. **verbringen** a une conjugaison particulière. Il change de radical comme un verbe irrégulier mais prend un **t** final comme un verbe régulier.

Banque de mots

| der Flughafen (¨) | l'aéroport |
| ➜ am Flughafen | ➜ à l'aéroport |

MODULE 2 : DU WILLST INS AUSLAND?

7 Mets les phrases au parfait.

a. Die Schüler nehmen an einem Austauschprogramm teil.
→ ....

b. Der Austausch findet zwischen der 8. und 11. Klasse statt.
→ ....

c. Wir entdecken ein neues Land.
→ ....

d. Ihr verbessert eure Sprachkenntnisse.
→ ....

e. Die Gastfamilie empfängt dich am Flughafen.
→ ....

Le prétérit de *haben*, avoir et *sein*, être.

Pour relater un fait au passé, on utilise le prétérit pour les verbes **haben**, *avoir* et **sein**, *être*.

	haben *avoir*	**sein** *être*
ich	hatte	war
du	hattest	warst
er/sie/es	hatte	war
wir	hatten	waren
ihr	hattet	wart
sie/Sie	hatten	waren

8 Mets les phrases au prétérit.

a. Bist du in Deutschland? → ....

b. Hast du eine nette Gastfamilie? → ....

c. Die Austauschpartner sind nett. → ....

d. Mein Austauschpartner ist 15. → ....

e. Ich habe einen österreichischen Tutor. → ....

f. Meine Gastfamilie hat 5 Kinder. → ....

MODULE 2 : DU WILLST INS AUSLAND?

9 Récit d'un échange scolaire. Complète les verbes au parfait ou au prétérit selon l'usage.

Hallo!

Mein Name ist Anne Langlois. Ich bin 14 Jahre alt und bin in der 3ᵉ auf dem Collège Victor Hugo in Bordeaux. Im April .... ich für 2 Monate nach Deutschland .... (a. gehen). Ich .... einen Schüleraustausch mit dem Schiller Gymnasium[1] in Stuttgart .... (b. machen). Das Schiller Gymnasium ist eine große Schule mit 1 000 Schülern. Ich .... in der 8. Klasse (c. sein). Mein Tutor, Herr Schmidt, und meine Mitschüler[2] .... (d. sein) alle sehr nett[3]. Ich .... auch eine tolle Gastfamilie (e. haben). Sie .... viele Ausflüge[4] mit mir .... (f. machen). Wir .... an den Bodensee[5] und in die Berge .... (g. fahren). Es .... (h. sein) eine tolle Erfahrung. Ich .... viele deutsche Traditionen .... (i. entdecken) und ich spreche jetzt besser Deutsch.

1. **das Gymnasium (-en)**, le lycée 2. **der Mitschüler (-)/die Mitschülerin (nen)**, le/la camarade de classe 3. **nett**, gentil 4. **der Ausflug (¨e)**, l'excursion 5. **der Bodensee**, le lac de Constance.

MODULE 2 : POINT CULTURE

DFJW Deutsch-französisches Jugendwerk
OFAJ Office franco-allemand pour la jeunesse

L'office franco-allemand pour la jeunesse soutient par an plusieurs milliers de programmes pour les 3 à 30 ans, dont le programme **Brigitte Sauzay**. Voici une brochure d'information en allemand qui s'adresse aux élèves allemands souhaitant venir en France. Le programme et les conditions sont les mêmes pour les jeunes Français. Lis-la puis passe aux questions.

DAS BRIGITTE-SAUZAY-PROGRAMM

Du möchtest gern 2 oder 3 Monate in Frankreich verbringen und 2 oder 3 **Monate lang**[1] einen französischen Austauschpartner aufnehmen. Du lernst schon **mindestens**[2] 2 Jahre Französisch und du bist in der 8. bis 11. Klasse. **Sprich** deine Französischlehrerin oder deinen Französischlehrer **auf** das Brigitte-Sauzay-Programm **an**[3].

Du wohnst 2 oder 3 Monate lang bei deiner Gastfamilie, gehst in die Schule und nimmst mindestens 6 Wochen lang am Unterricht teil. Dann nimmst du deinen Austauschpartner/deine Austauschpartnerin auf. Oder **umgekehrt**[4], er/sie kommt zuerst nach Deutschland.

So verbesserst du deine Französischkenntnisse und **lernst** ein neues Land, ein neues Schulsystem und neue Freunde **kennen**[5].

1. ... **Monate lang**, *durant ... mois* 2. **mindestens**, *au moins* 3. **an/sprechen auf**, *aborder au sujet de* 4. **umgekehrt**, *à l'inverse* 5. **kennenlernen**, *apprendre à connaître*.

MODULE 2 : POINT CULTURE

10 Réponds aux questions en entourant R pour *richtig*, vrai ou F pour *falsch*, faux.

a. Das Programm ist für Schüler zwischen der 8. und 10. Klasse?   R   F
b. Das Programm ist für Schüler zwischen der 8. und 11. Klasse?   R   F
c. Du lernst schon mindestens 3 Jahre Französisch?   R   F
d. Du lernst schon mindestens 2 Jahre Französisch?   R   F
e. Du gehst für 2 oder 3 Monate nach Frankreich?   R   F
f. Du nimmst mindestens 2 oder 3 Monate am Unterricht teil.   R   F
g. Du nimmst mindestens 6 Wochen am Unterricht teil.   R   F

MODULE 2 : DU WILLST INS AUSLAND?

Bilan

Les noms composés sur *Austausch*, échange
1. .... ☐ ☐ ☐

Les verbes à particule au présent de l'indicatif
2. .... ☐ ☐ ☐

Le verbe *teilnehmen an*, participer/assister à
3. .... ☐ ☐ ☐

Emploi de *ich möchte (gern)…* → j'aimerais (bien)…
4. .... ☐ ☐ ☐

La phrase interrogative et les pronoms interrogatifs en *w-*
5. .... ☐ ☐ ☐

Formulaire d'inscription
6. .... ☐ ☐ ☐

Les verbes à particule au parfait
7. .... ☐ ☐ ☐

Le prétérit de *haben*, avoir et *sein*, être.
8. .... ☐ ☐ ☐

Récit d'un échange scolaire. Le parfait et le prétérit.
9. .... ☐ ☐ ☐

Point Culture
10. .... ☐ ☐ ☐

Jeder ist, wie er ist

Objectifs

- **Décrire le caractère d'une personne et son contraire**
  Pour cela, nous allons voir :
  - l'adjectif qualificatif attribut
  - une liste d'adjectifs qualificatifs autour du caractère
  - la négation **nicht** et **sondern**, *mais*
  - l'emploi et la déclinaison d'un groupe nominal défini et indéfini au nominatif
  - le groupe nominal avec la négation **kein** au nominatif

- **Décrire le physique d'une personne et son contraire**
  Pour cela, nous allons voir :
  - une liste d'adjectifs qualificatifs autour du physique
  - l'emploi et la déclinaison d'un groupe nominal défini, indéfini et avec la négation **kein** à l'accusatif
  - l'emploi et la déclinaison d'un groupe nominal défini, indéfini et avec la négation **kein** au datif

- **Exprimer les goûts et les degrés de préférence**
  Pour cela, nous allons voir :
  - l'emploi de **gern**, **lieber**, **am liebsten**
  - les noms composés sur **Liebling-**, *chéri(e)*

- **POINT CULTURE**
  Mozart

Module 3

MODULE 3 : JEDER IST, WIE ER IST

L'adjectif qualificatif attribut

Contrairement au français, l'adjectif qualificatif attribut est invariable en allemand.
Er ist schüchtern, sie ist schüchtern, sie sind schüchtern
→ *Il est timide, elle est timide, ils sont timides.*

Avant de passer à l'exercice, étudie cette liste d'adjectifs qualificatifs et leurs contraires autour du caractère.

nett/lieb ≠ **böse**, *gentil ≠ méchant*
freundlich ≠ **unfreundlich**, *aimable ≠ désagréable*
glücklich ≠ **unglücklich**, *heureux ≠ malheureux*
lustig ≠ **traurig**, *drôle ≠ triste*
schüchtern ≠ **offen**, *timide ≠ ouvert*
faul ≠ **fleißig**, *fainéant ≠ assidu/courageux*
klug ≠ **dumm**, *intelligent ≠ bête*
ruhig ≠ **unruhig/gestresst**, *calme ≠ nerveux/stressé*

1. Complète les phrases par : *traurig, lustig, böse*.

 a.  b.  c.

a. Sie ist ....

b. Er ist ....

c. Sie ist ....

2. Indique le contraire de :

a. gestresst ≠ .... c. glücklich ≠ ....

b. klug ≠ .... d. schüchtern ≠ ....

MODULE 3 : JEDER IST, WIE ER IST

La négation *nicht* et *sondern*, mais

- **Nicht** est la négation principale. On l'emploie, entre autres, pour nier un adjectif qualificatif attribut. Elle se place juste devant celui-ci.
  Lea ist nicht dumm ➜ *Léa n'est pas bête.*

- **Sondern** correspond à *mais*. On l'emploie pour indiquer le contraire après une négation. Attention à la virgule, impérative avant **sondern** !
  Lea ist nicht dumm, sondern klug ➜ *Léa n'est pas bête mais intelligente.*

3 Transforme les phrases comme dans l'exemple :
Lea ist dumm ➜ *Lea ist nicht dumm, sondern klug.*

a. Er ist schüchtern ➜ ....

b. Er ist traurig ➜ ....

c. Er ist böse ➜ ....

Dans les leçons qui suivent, tu vas apprendre ou réviser la déclinaison des articles, de l'adjectif épithète et, par la même occasion, revoir l'emploi du nominatif, accusatif et datif. Ce module n'aborde que les grandes lignes des déclinaisons. Tu auras l'occasion de les étudier en détail dans le module 8.

Emploi et déclinaison d'un groupe nominal défini et indéfini au nominatif

	masculin	féminin	neutre	pluriel
GN défini	**der fleißige Schüler**	**die fleißige Schülerin**	**das fleißige Mädchen**	**die fleißigen Kinder**
GN indéfini	**ein fleißiger Schüler**	**eine fleißige Schülerin**	**ein fleißiges Mädchen**	**fleißige Kinder**

- Le nominatif est le cas du sujet ou de l'attribut du sujet :
  Ein fleißiger Schüler hat meistens gute Noten ➜ *Un élève assidu a souvent de bonnes notes.*
  Leo ist ein kluger Junge ➜ *Léo est un garçon intelligent.*

- L'adjectif épithète se place toujours devant le nom, s'accorde en genre et en nombre et selon l'article qui le précède. Il est très important que tu maîtrises ces tableaux par cœur.

- Observe bien les différences entre un groupe nominal défini et indéfini !

- Souviens-toi que l'article indéfini **ein** n'a pas de forme plurielle !

- **Attention !** Les adjectifs terminés en **-el** et **-er** perdent leur **-e** lorsqu'ils sont épithètes. Exemple : **dunkel** ➜ **eine dunkle Haut** ➜ *une peau foncée.*

MODULE 3 : JEDER IST, WIE ER IST

4 Essaie de compléter ce tableau de mémoire.

	masculin	féminin	neutre	pluriel
GN défini	der lieb......... Mann	die lieb......... Frau	das lieb......... Mädchen	die lieb......... Kinder
GN indéfini	ein lieb......... Mann	eine lieb......... Frau	ein lieb......... Mädchen	lieb......... Kinder

La négation *kein*

Kein est la 2ᵉ négation et s'utilise pour nier l'article indéfini **ein**. Elle se décline comme **ein** et l'adjectif épithète a les mêmes terminaisons que dans un groupe nominal indéfini. **Attention !** Contrairement à **ein**, **kein** a une forme plurielle.

GN avec kein-	kein lieber Mann	keine liebe Frau	kein liebes Mädchen	keine lieben Kinder

Sie ist eine fleißige Schülerin ➜ **Sie ist keine fleißige Schülerin**
➜ *Elle n'est pas une élève assidue.*
Lea und Tobias sind fleißige Schüler ➜ **Lea und Tobias sind keine fleißigen Schüler** ➜ *Léa et Tobias ne sont pas des élèves assidus.*

5 Mets ces phrases à leur forme négative *kein-*.

a. Anna ist ein ruhiges Mädchen.

➜ ....

b. Dein Bruder ist ein schüchterner Junge.

➜ ....

c. Anna und Lea sind faule Schülerinnen.

➜ ....

d. Tobias ist ein böser Junge.

➜ ....

MODULE 3 : JEDER IST, WIE ER IST

Adjectifs qualificatifs autour du physique

klein ≠ groß	petit ≠ grand	grün	vert
dick ≠ dünn/schlank	gros ≠ très mince/mince	blau	bleu
lang ≠ kurz	long ≠ court	ihre Augen	ses yeux (à elle)
hell ≠ dunkel	clair ≠ foncé	ihre Haare	ses cheveux (à elle)
blond	blond		
weiß	blanc		
schwarz	noir		
braun	marron		

6 **Indique le contraire.**

a. lang ≠ .... c. dünn ≠ ....

b. hell ≠ .... d. klein ≠ ....

7 **Indique la couleur des yeux et des cheveux.**

Ihre Augen sind a. .... b. .... c. ....

Ihre Haare sind d. .... e. ....

MODULE 3 : JEDER IST, WIE ER IST

Emploi et déclinaison d'un groupe nominal défini, indéfini et avec la négation *kein* à l'accusatif

	masculin	féminin	neutre	pluriel
GN défini	den kleinen Mann	die kleine Frau	das kleine Mädchen	die kleinen Kinder
GN indéfini	einen kleinen Mann	eine kleine Frau	ein kleines Mädchen	kleine Kinder
GN avec kein	keinen kleinen Mann	keine kleine Frau	kein kleines Mädchen	keine kleinen Kinder

- L'accusatif est le cas du complément d'objet direct comme **jemanden/etwas haben**, *avoir quelqu'un/quelque chose* :
Er hat einen dicken Bauch ➜ *Il a un gros ventre.*

N.B. Les verbes allemands régissant un accusatif correspondent généralement à des verbes français avec un COD.

- L'accusatif s'emploie également après certaines prépositions dont **für**, *pour* :
10 Tipps für lange Haare ➜ *10 conseils pour des cheveux longs.*

Tu noteras que la déclinaison est la même qu'au nominatif, sauf au masculin singulier.

Banque de mots

die Haut	la peau
das Auge (n)	les yeux
die Nase (n)	le nez
die Haare (pl.)	les cheveux
der Bauch (¨e)	le ventre
der Finger (-)	le doigt
das Bein (e)	la jambe

8 Complète les terminaisons des adjectifs qualificatifs.

a. Ich habe eine rot............ Nase.

b. Er hat einen klein............ Bauch.

c. Sie hat blau............ Augen.

d. Er hat keine hell............ Haut.

e. Er hat keine blau............ Augen.

f. 10 Tipps für eine schön............ Haut.

9 Indique l'adjectif qualificatif contraire.

a. Er hat eine dunkle Haut. Sie hat eine .... Haut.

b. Er hat kurze Finger. Sie hat .... Finger.

c. Er hat dicke Beine. Sie hat .... Beine.

d. Er hat eine kleine Nase. Sie hat eine .... Nase.

MODULE 3 : JEDER IST, WIE ER IST

Emploi et déclinaison d'un groupe nominal défini, indéfini et avec la négation *kein* au datif

	masculin	féminin	neutre	pluriel
GN défini	dem kleinen Mann	der kleinen Frau	dem kleinen Mädchen	den kleinen Kindern
GN indéfini	einem kleinen Mann	einer kleinen Frau	einem kleinen Mädchen	kleinen Kindern
GN avec kein	keinem kleinen Mann	keiner kleinen Frau	keinem kleinen Mädchen	keinen kleinen Kindern

- Le datif exprime le complément d'objet indirect comme **jemandem/etwas ähneln**, *ressembler à quelqu'un/quelque chose* : **Sie ähnelt der kleinen Schwester von Lea**
  → *Elle ressemble à la petite sœur de Léa.*

N.B. Les verbes allemands régissant un datif correspondent généralement à des verbes français avec un COI.

- Le datif s'emploie également après certaines prépositions dont **mit** : **Wer ist die hübsche Frau mit den grünen Augen?** → *Qui est la jolie femme avec les yeux verts ?*

Note que l'adjectif épithète se termine toujours par **-en** et que le nom prend un **-n** au pluriel, sauf s'il en a déjà un au nominatif/accusatif pluriel : **die hübschen Frauen** (nominatif et accusatif pluriel) → **den hübschen Frauen** (datif).

10 Mets les groupes nominaux suivants au datif.

a. ein kleines Mädchen → ....

b. der junge Mann → ....

c. eine hübsche Dame → ....

d. die jungen Kinder → ....

e. kein junges Mädchen → ....

Banque de mots

der Tipp (s) (fam.)	*le conseil*
das Foto (s)	*la photo*
→ auf dem Foto	→ *sur la photo*

MODULE 3 : JEDER IST, WIE ER IST

11 Entoure le cas de chacun des groupes nominaux soulignés.
N = **nominatif**, A = **accusatif** et D = **datif**.

a. Siehst du <u>das kleine Mädchen</u> <u>mit den blauen Augen</u>?   N A D   N A D

b. Sie hat <u>schöne lange Finger</u>.   N A D

c. Mein Großvater war <u>ein sehr großer Mann</u> <u>mit langen Beinen</u>.   N A D   N A D

d. Meine Großmutter war <u>eine kleine Frau</u> <u>mit sehr kleinen Füßen</u>.   N A D   N A D

e. Das sind unsere Tipps für <u>eine schöne Haut</u>.   N A D

f. Sie ähnelt <u>der jungen Frau</u> auf dem Foto.   N A D

12 Complète chaque phrase avec les adjectifs indiqués et n'oublie pas d'ajouter les terminaisons. Attention ! Les adjectifs sont dans le désordre.

a. Sabine ist eine .... Frau mit ....
Haaren und .... Augen. (**lang/jung/dunkel**)

b. Herr Maier ist ein .... Mann mit ....
Haaren und mit .... Augen. (**weiß/alt/blau**)

c. Anna hat eine .... Haut, ... Haare
und .... Augen. (**lang/hell/schwarz**)

Emploi de *gern, lieber, am liebsten*

Ces adverbes s'emploient avec un verbe conjugué et expriment les degrés de préférence. Ils se placent derrière le sujet dans une phrase interrogative et derrière le verbe conjugué dans une phrase déclarative.

- **Gern** s'emploie pour dire ce que l'on aime faire :
  Spielst du gern Tennis? → *Tu aimes jouer au tennis ?*
  Ich spiele gern Tennis → *J'aime jouer au tennis.*

- **Lieber** s'emploie pour exprimer une préférence, la chose comparée est précédée de **als**, *que* :
  Spielst du lieber Tennis oder Handball? → *Tu préfères jouer au tennis ou au handball ?*
  Ich spiele lieber Tennis (als Handball) → *Je préfère jouer au tennis (qu'au handball).*

MODULE 3 : JEDER IST, WIE ER IST

- **Am liebsten** s'emploie pour exprimer la préférence absolue :
  Was spielst du am liebsten ? ➜ *À quoi préfères-tu jouer ?* (sous-entendu *le plus*)
  Ich spiele am liebsten Fußball/Am liebsten spiele ich Fußball ➜ *Ce que je préfère (le plus), c'est jouer au foot.*

  Am liebsten peut soit se placer derrière le verbe conjugué, soit en tête de la phrase déclarative et dans ce cas, il y a inversion sujet/verbe conjugué.

Banque de mots

Geige, Klavier, Saxophon spielen	*jouer du violon, piano, saxophone*
Ski, Snowboard fahren	*faire du ski, du snowboard*
ins Kino, ins Theater gehen	*aller au cinéma, théâtre*

13 Complète les phrases par *gern*, *lieber*, *am liebsten* et l'activité représentée sur les pictos.

a. Ich fahre …………………………………………………

b. Ich fahre ………………………… Snowboard als …………………………

c. Ich gehe ………………………… ins …………………………

als ins …………………………

d. Ich spiele …………………………………………………

als ………………………………

e. ………………………………… spiele ich …………………………

MODULE 3 : JEDER IST, WIE ER IST

14 Forme des phrases avec les éléments donnés.

a. die Kinder / lieber / Tennis / als Handball / spielen

→ ....

b. fährt / Leo / am liebsten / Snowboard (2 constructions possibles)

→ ....

c. gern / mein Bruder / Klavier / spielt

→ ....

Les noms composés sur *Liebling-*

Le terme **der Liebling**, *le chéri/la chérie* + **s** de liaison s'emploie pour former des noms composés exprimant la préférence.
Exemples :
der Schauspieler, *l'acteur*
→ **mein Lieblingsschauspieler**, *mon acteur préféré*
die Sängerin, *la chanteuse*
→ **meine Lieblingssängerin**, *ma chanteuse préférée*

15 Forme des mots composés sur *Liebling-*. C'est en même temps l'occasion de réviser un peu de vocabulaire. Attention aux intrus !

DAS BUCH   DER LEHRER   DER FILM   DIE MUSIK   DAS KLEID
DER UNTERRICHT   DER PULLI   DIE STADT   DAS FACH   DAS LAND

a. mon prof préféré → ....
b. ma ville préférée → ....
c. mon film préféré → ....
d. ma musique préférée → ....
e. mon livre préféré → ....
f. ma matière préférée → ....
g. mon pull préféré → ....

MOZART

L'Allemagne et l'Autriche sont réputées pour leurs grands compositeurs de musique classique comme Beethoven (1770-1827), Brahms (1833-1897), Schubert (1797-1828), Schumann (1810-1856) et **das Wunderkind**, l'*enfant prodige*, Mozart dont voici une petite biographie. Lis-la et réponds aux questions.

Wolfgang Amadeus Mozart **wird** am 27. Januar 1756 in Salzburg **geboren**[1].

Er ist ein Wunderkind. Mit 3 Jahren lernt Mozart Klavier spielen, mit vier Geige und mit fünf gibt er sein erstes **öffentliches Konzert**[2].

Ab 1762 ist der kleine Mozart **ständig**[3] **auf Reisen**[4] und **spielt** mit seiner Schwester **zusammen**[5]. Mit 5 Jahren **komponiert**[6] er seine **ersten**[7] **Werke** und mit 12 Jahren hat er schon drei **Opern**[8], sechs **Sinfonien**[9] und viele andere Werke komponiert. Er **verdient** viel **Geld**[10], aber er **verschwendet**[11] es und **hat** ständig **Schulden**[12]. Mozart ist **sensibel**[13], **kreativ**[14] und sehr unruhig. Er geht gern ins Theater und spielt **Billard**[15].

Im November 1791 **wird** Mozart **krank**[16] und **stirbt**[17] am 5. Dezember 1791.

1. **wird ... geboren**, *est né* 2. **das öffentliche Konzert (e)**, *le concert en public* 3. **ständig**, *sans cesse* 4. **auf Reisen**, *en voyage* 5. **zusammen/spielen**, *jouer ensemble* 6. **komponieren**, *composer* 7. **das Werk (e)**, *l'œuvre* 8. **die Oper (n)**, *l'opéra* 9. **die Sinfonie (n)**, *la symphonie* 10. **Geld verdienen**, *gagner de l'argent* 11. **verschwenden**, *gaspiller* 12. **Schulden haben**, *avoir des dettes* 13. **sensibel**, *sensible* 14. **kreativ**, *créatif* 15. **das Billard**, *le billard* 16. **krank werden**, *tomber malade* 17. **sterben**, *mourir*.

MODULE 3 : POINT CULTURE

16 Réponds aux questions.

a. Wann und wo ist Mozart geboren[1]? → ....

b. Mit wie viel Jahren lernt er Klavier spielen?
→ ....

c. Mit wie viel Jahren gibt er sein erstes öffentliches Konzert?
→ ....

d. Wie viele Werke hat Mozart mit 12 Jahren schon komponiert?
→ ....

e. Was macht Mozart mit seinem Geld? → ....

f. Wie ist Mozart? → ....

g. Was macht Mozart außer[3] Musik? → ....

h. Wann ist Mozart gestorben[2] Wie alt war er?
→ ....

1. **ist geboren** signifie aussi est *né* 2. **außer**, *à part* 3. **ist gestorben**, *est mort*.

MODULE 3 : JEDER IST, WIE ER IST

Bilan

L'adjectif qualificatif attribut (autour du caractère)
1. .... ☐ ☐ ☐
2. .... ☐ ☐ ☐

La négation *nicht* et *sondern*, mais
3. .... ☐ ☐ ☐

Emploi et déclinaison d'un groupe nominal défini et indéfini au nominatif
4. .... ☐ ☐ ☐

La négation *kein*
5. .... ☐ ☐ ☐

Les adjectifs qualificatifs autour du physique
6. .... ☐ ☐ ☐
7. .... ☐ ☐ ☐

Emploi et déclinaison d'un groupe nominal défini, indéfini et avec la négation *kein* à l'accusatif
8. .... ☐ ☐ ☐
9. .... ☐ ☐ ☐

Emploi et déclinaison d'un groupe nominal défini, indéfini et avec la négation *kein* au datif
10. .... ☐ ☐ ☐

Nominatif, accusatif ou datif ?
11. .... ☐ ☐ ☐
12. .... ☐ ☐ ☐

Emploi de *gern*, *lieber*, *am liebsten*
13. .... ☐ ☐ ☐
14. .... ☐ ☐ ☐

Les noms composés sur *Liebling-*
15. .... ☐ ☐ ☐

Point Culture
16. .... ☐ ☐ ☐

Ich bin fremd in dieser Stadt

Objectifs

- **Demander son chemin et indiquer un itinéraire**
  Pour cela, nous allons voir :
  - les lieux de la ville et la tournure **Wie komme ich zu… ?**
    → *Comment aller à… ?*
  - les prépositions de lieu
  - l'impératif et indiquer un itinéraire

- **Demander et donner des renseignements sur les transports en commun**
  Pour cela, nous allons voir :
  - du vocabulaire autour des transports en commun
  - l'interrogative indirecte + le verbe **wissen**, *savoir* au présent de l'indicatif
  - les verbes de modalité **können**, *pouvoir*, **müssen**, *devoir*, **wollen**, *vouloir* au présent de l'indicatif
  - les verbes de modalité **können**, *pouvoir*, **müssen**, *devoir*, **wollen**, *vouloir* au prétérit

- **Exprimer l'interdiction et l'autorisation dans les lieux publics**
  Pour cela, nous allons voir :
  - le verbe de modalité **dürfen**, *avoir le droit / la permission* au présent de l'indicatif et prétérit
  - les tournures **es ist erlaubt / verboten zu**, *il est permis / interdit de*
  - quelques termes autour de la circulation

- **POINT CULTURE**
  Wien, *Vienne*

Module 4

MODULE 4 : ICH BIN FREMD IN DIESER STADT

Lieux d'une ville et la tournure *Wie komme ich zu...?* Comment aller à...?

Commence par étudier le vocabulaire.

Banque de mots

die Stadt (¨e)	*la ville*	das Fußballstadion (-stadien)	*le stade de foot*
die Innenstadt/das Zentrum	*le centre-ville*	das Museum (Museen)	*le musée*
die Straße (n)	*la rue*		
der Platz (¨e)	*la place*	der Zoo (s)	*le zoo*
die Kirche (n)	*l'église*	die Apotheke (n)	*la pharmacie*
das Rathaus (¨er)	*la mairie*	das Kino (s)	*le cinéma*
die Schule (n)	*l'école*	das Theater (-)	*le théâtre*
der Supermarkt (¨e)	*le supermarché*	die Post	*la poste*
die Bäckerei (en)	*la boulangerie*		
das Schwimmbad (¨er)	*la piscine*		
das Krankenhaus (¨er)	*l'hôpital*		
der Bahnhof (¨e)	*la gare*		
der Park (s)	*le parc*		

Pour demander son chemin, on peut dire : **Entschuldigung! Wie komme ich zu...?** → *Pardon ! Comment faire pour aller à... ?* Note que la préposition **zu** régit le datif et se contracte avec les articles **dem** et **der** :
zu + dem → **zum** et **zu + der** → **zur**

Wie komme ich zum Bahnhof? → *Comment faire pour aller à la gare ?*
Wie komme ich zur Kirche? → *Comment faire pour aller à l'église ?*

1 Traduis les phrases suivantes.

Comment faire pour aller…   → Wie komme ich…

a. … à la piscine ?   → ....

b. … à la pharmacie ?   → ....

c. … au cinéma ?   → ....

d. … à la mairie ?   → ....

MODULE 4 : ICH BIN FREMD IN DIESER STADT

Les prépositions de lieu

Comme tu as déjà vu dans le module 3, certaines prépositions régissent l'accusatif et d'autres le datif. Voici de nouveaux exemples avec des prépositions de lieu.

durch, *par/à travers* + accusatif :
Wir gehen durch die Stadt → *Nous flânons dans la ville.* (littéralement : *à travers la ville*).
zu, *à/chez* (directionnel) + datif :
Wie komme ich zur Apotheke? → *Comment aller à la pharmacie ?*
bis zu, *jusqu'à/jusque chez* + datif :
Ich gehe bis zur Apotheke → *Je vais jusqu'à la pharmacie.*

Pour les prépositions de lieu, on distingue une troisième catégorie : les prépositions mixtes (dites aussi spatiales) comme **auf**, *sur*, **in**, *dans*. Elles régissent l'accusatif lorsqu'elles indiquent un déplacement (directionnel) et le datif lorsqu'elles indiquent une position (locatif). Note les contractions suivantes : **in** + **das** → **ins** et **in** + **dem** → **im**.
Ich gehe auf den Platz → *Je vais sur la place.*
Ich warte auf dem Platz → *J'attends sur la place.*

Banque de mots

sich befinden	se trouver
→ das Kino befindet sich	→ le cinéma se trouve
die rechte/linke Seite	le côté droit/gauche
hinein/fahren	entrer (avec un véhicule)

2 Complète les terminaisons des articles et éventuellement des adjectifs qualificatifs.

a. Das Kino befindet sich in d............... Mozartstraße.

b. Du gehst durch d............... klein............... Park.

c. Sie fahren in d............... Straße hinein.

d. Das Schwimmbad befindet sich auf d............... recht............... Seite.

e. Sie fahren bis zu............... Bahnhof.

MODULE 4 : ICH BIN FREMD IN DIESER STADT

L'impératif et indiquer un itinéraire

Pour indiquer le chemin, on emploie soit le présent de l'indicatif, soit l'impératif. L'impératif se construit comme suit.

- La 2e personne du singulier se conjugue comme au présent de l'indicatif sans le pronom personnel **du** et sans la terminaison **-st**. **Attention !** Les verbes irréguliers en **a** perdent leur **Umlaut** :
  du gehst → **Geh geradeaus!** *Va tout droit !*
  du fährst → **Fahr geradeaus!** *Roule tout droit !*

- La 2e personne du pluriel se conjugue comme au présent de l'indicatif sans le pronom personnel **ihr** :
  ihr geht → **Geht geradeaus!** *Allez tout droit !*

- La forme de politesse se conjugue comme au présent de l'indicatif avec inversion pronom personnel **Sie**/verbe conjugué :
  Sie gehen → **Gehen Sie geradeaus!** *Allez tout droit !*

N.B. Le verbe **sein**, *être* est irrégulier : **Sei!** *Sois !* **Seid!** *Soyez !* **Seien Sie!** *Soyez !*

Banque de mots

(die erste, zweite Straße) nach rechts gehen	*prendre la 1re, 2e rue à droite*
(die erste, zweite Straße) nach links gehen	*prendre la 1re, 2e rue à gauche*
(immer) geradeaus gehen	*aller (toujours) tout droit*
den Platz, die Straße überqueren	*traverser la place, rue*

MODULE 4 : ICH BIN FREMD IN DIESER STADT

3 Complète les mots manquants : *geradeaus*, *rechts*, *links*, *linken*, *geh*, *befindet*, *überquer*, *überqueren Sie*. N'oublie pas les majuscules en début de phrase.

a Entschuldigung, wie komme ich zum Schwimmbad?
– Geh die erste Straße nach ...., dann immer .... bis zur Apotheke. Das Schwimmbad befindet sich auf der rechten Seite.

b Entschuldigung, wie komme ich zum Park?
– .... den Platz und gehen Sie dann die zweite Straße nach .... Der Park befindet sich auf der .... Seite.

c Entschuldigung, wie komme ich zum Fußballstadion?
– .... die Straße und .... geradeaus bis zur Bäckerei und auf der linken Seite .... sich das Fußballstadion.

Les transports en commun

die U-Bahn (en) (abréviation de Untergrundbahn)	le métro
die U-Bahn-Station (en)	la station de métro
die Straßenbahn (en)	le tram
der Bus (se)	le bus
der Zug (¨e)	le train
die Haltestelle (n)	l'arrêt
das Fahrrad (¨er)	le vélo
die Fahrkarte (n)/das Ticket (s)	le ticket
mit dem Bus, dem Zug … fahren	aller en bus, train…
die Fahrkarte entwerten	composter le billet
um/steigen	prendre une correspondance
ein/steigen	monter (dans le bus, etc.)
aus/steigen	descendre (du bus, etc.)
bei der nächsten, zweiten, dritten Haltestelle	au prochain, deuxième, troisième arrêt

MODULE 4 : ICH BIN FREMD IN DIESER STADT

4 Complète les phrases selon les pictos.

a. Ich fahre mit der ....

b. Ich fahre mit der ....

c. Ich fahre mit dem ....

d. Ich fahre mit dem ....

e. Ich fahre mit dem ....

L'interrogative indirecte avec le verbe *wissen*, savoir

L'interrogative indirecte est une question intégrée dans une phrase, comme dans les exemples ci-dessous. Note-les bien. Ils te seront utiles pour demander des renseignements.

Entschuldigung, weißt du/wissen Sie…
→ *Excusez-moi/Excuse-moi, sais-tu/savez-vous…*
…, um wie viel Uhr… → *… à quelle heure…*
…, bis wie viel Uhr… → *… jusqu'à quelle heure…*
…, ob… → *… si…*
…, wo… → *où…*

Note également les deux points suivants :

- Dans une interrogative indirecte, le verbe conjugué est en dernière position. **Wissen Sie, bis wie viel Uhr die Züge am Samstag fahren?**
→ *Savez-vous jusqu'à quelle heure circulent les trains le samedi ?*

- Le verbe **wissen** a une conjugaison irrégulière au présent de l'indicatif : **ich weiß, du weißt, er/sie/es weiß, wir wissen, ihr wisst, sie/Sie wissen.**

5 Complète les interrogatives par : *ob, bis wie viel Uhr, wo, um wie viel Uhr.*

Entschuldigung, wissen Sie, …

a. .... der Bus fährt? – Um 10 Uhr.

b. .... die U-Bahn fährt? – Bis 2 Uhr.

c. .... heute die Busse fahren? – Das weiß ich nicht.

d. .... die Bushaltestelle ist?
– Sie ist hier auf der rechten Seite.

MODULE 4 : ICH BIN FREMD IN DIESER STADT

 Complète les phrases avec le verbe *wissen* conjugué.

a. .... du, bis wie viel Uhr die Busse fahren?

b. .... er, bis wie viel Uhr die Busse fahren?

c. .... Sie, bis wie viel Uhr die Busse fahren?

d. .... ihr, bis wie viel Uhr die Busse fahren?

e. Ich .... es nicht.

f. Vielleicht .... es Anna und Lea.

Les verbes de modalité *können*, pouvoir, *müssen*, devoir, *wollen*, vouloir, au présent de l'indicatif

	müssen *devoir/il faut*	wollen *vouloir*	können *pouvoir/savoir*
ich	muss	will	kann
du	musst	willst	kannst
er/sie/es	muss	will	kann
wir	müssen	wollen	können
ihr	müsst	wollt	könnt
sie/Sie	müssen	wollen	können

Les verbes de modalité permettent d'exprimer diverses nuances :
- **müssen**, *devoir/il faut* exprime un ordre / une obligation ;
- **wollen**, *vouloir* exprime une volonté / une détermination forte ;
- **können**, *pouvoir* exprime une possibilité et aussi le savoir / la capacité.

Ils ont une conjugaison irrégulière au singulier du présent de l'indicatif et régissent un infinitif qui se place en dernière position. Exemples :
Ihr müsst hier umsteigen ➜ *Vous devez changer ici.*
Wollt ihr mit der U-Bahn fahren? ➜ *Vous voulez y aller en métro ?*
Sie können auch mit dem Bus fahren ➜ *Vous pouvez aussi y aller en bus.*

MODULE 4 : ICH BIN FREMD IN DIESER STADT

7 Traduis les phrases suivantes.

a. Je veux y aller en bus. → ....

b. Tu dois descendre au prochain arrêt.

→ ....

c. Vous pouvez prendre le métro. (2ᵉ pers. plur.)

→ ....

d. Tu dois composter ton billet. → ....

8 Complète les phrases par : *Fahrkarten*, *Haltestelle*, *Straßenbahn*.

a. Wir müssen noch die .... kaufen.

b. Er muss bei der nächsten .... aussteigen.

c. Wir können auch mit der .... fahren.

Les verbes de modalité *müssen*, devoir, *wollen*, vouloir, *können*, pouvoir au prétérit

	müssen *devoir/il faut*	wollen *vouloir*	können *pouvoir/savoir*
ich	musste	wollte	konnte
du	musstest	wolltest	konntest
er/sie/es	musste	wollte	konnte
wir	mussten	wollten	konnten
ihr	musstet	wolltet	konntet
sie/Sie	mussten	wollten	konnten

Pour relater un fait au passé, on emploie le prétérit pour les verbes de modalité.
Ils se conjuguent sur le radical de l'infinitif (sans **Umlaut**) + les terminaisons **-te**, **-test**, **-te**, **-ten**, **-tet**, **-ten**.

MODULE 4 : ICH BIN FREMD IN DIESER STADT

Banque de mots

der Strafzettel (-)	l'amende
zahlen	payer
schwarz/fahren	voyager sans billet
Er ist schwarzgefahren.	Il a voyagé sans payer.
der Fahrkartenautomat (en)	le distributeur de billets
der Zugkontrolleur (e)	le contrôleur de train

9 Mets les phrases au prétérit.

a. Wir müssen unsere Fahrkarte entwerten.

➜ ....

b. Er darf hier nicht parken.

➜ ....

c. Sie will schwarzfahren. Ich will aber nicht.

➜ ....

d. Wir müssen 60 Euro Strafe zahlen.

➜ ....

10 Une personne raconte à un ami pourquoi elle a dû payer une amende. Complète le dialogue avec les verbes de modalité au prétérit.

Was ist mit dir los[1]?

– Anna und ich .... (**a. müssen**) im Zug 60 Euro zahlen.

Seid ihr schwarzgefahren?

– Jein[2], wir .... (**b. wollen**) eine Fahrkarte kaufen aber wir

.... (**c. können**) nicht. Der Fahrkartenautomat funktionierte[3] nicht, und wir wussten[4] nicht, wo der andere Fahrkartenautomat stand[5]. Dann sind wir ohne[6] Fahrkarte gefahren. Wir .... (**d. wollen**) den Zug nicht verpassen[7].

– .... (**e. können**) ihr das nicht erklären[8]?

– Nein, der Zugkontrolleur war nicht sehr cool. Wir ....
(**f. müssen**) zahlen.

---

1. **Was ist (mit dir) los?** *Qu'est-ce qui se passe (avec toi) ?* 2. **Jein (ja + nein)**, *oui et non* 3. **funktionieren**, *fonctionner* 4. **wussten**, *savions* 5. **stand**, *était/se trouvait* 6. **ohne**, *sans* 7. **den Zug/Bus verpassen**, *rater le train/bus* 8. **erklären**, *expliquer*.

MODULE 4 : ICH BIN FREMD IN DIESER STADT

Le verbe de modalité *dürfen*, avoir le droit / la permission au présent de l'indicatif et au prétérit

	présent	prétérit
ich	**darf**	**durfte**
du	**darfst**	**durftest**
er/sie/es	**darf**	**durfte**
wir	**dürfen**	**durften**
ihr	**dürft**	**durftet**
sie/Sie	**dürfen**	**durften**

Le verbe **dürfen** signifie *avoir le droit / la permission*. Il se conjugue sur le même modèle que les autres verbes de modalité (voir p. 52).

Du darfst hier nicht baden
→ *Tu n'as pas le droit de te baigner ici.*
Du durftest hier nicht baden
→ *Tu n'avais pas le droit de te baigner ici.*

Banque de mots

parken	*se garer*
rauchen	*fumer*
den Rasen betreten	*aller sur le gazon*
man (+ 3ᵉ personne du singulier)	*on*
→ man darf (nicht)	→ *on (n') a (pas) le droit*

II Transpose les phrases au présent de l'indicatif ou au prétérit.

a. Sie dürfen hier nicht rauchen.
→ ....

b. Wir durften hier rauchen.
→ ....

c. Durfte man den Rasen betreten?
→ ....

d. Dürfen Sie hier parken?
→ ....

e. Sie durfte hier nicht parken.
→ ....

MODULE 4 : ICH BIN FREMD IN DIESER STADT

Les tournures *Es ist erlaubt / Es ist verboten zu…*, Il est permis / Il est interdit de…

Pour exprimer l'autorisation ou l'interdiction, on peut aussi employer les tournures **Es ist erlaubt zu… / Es ist verboten zu…** → *Il est permis de… / Il est interdit de…* Ces tournures régissent un verbe à l'infinitif précédé de **zu**, *de* et placé en dernière position. Tu noteras aussi que la proposition infinitive est séparée par une virgule si elle comporte un complément (exemples 2 et 3). Exemples :

Es ist verboten zu **rauchen** → *Il est interdit de fumer.*
Es ist verboten, **im Bus zu rauchen** → *Il est interdit de fumer dans le bus.*
Es ist erlaubt, **auf der Terrasse zu rauchen** → *Il est autorisé de fumer sur la terrasse.*

12 Indique l'alternative pour exprimer l'autorisation ou l'interdiction.

a. Man darf den Rasen betreten.
→ ....

b. Man darf hier nicht parken.
→ ....

c. Man darf hier rauchen.
→ ....

d. Man darf den Rasen nicht betreten.
→ ....

Quelques panneaux de signalisation

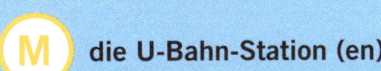 die U-Bahn-Station (en)

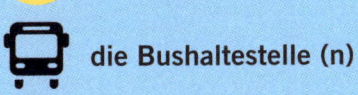 die Bushaltestelle (n)

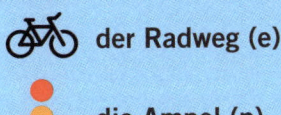 der Radweg (e)

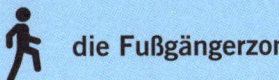 die Ampel (n)

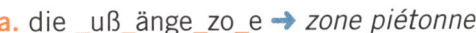 die Fußgängerzone (n)

13 As-tu bien mémorisé le vocabulaire ? Complète les lettres manquantes.

a. die _uß_änge_zo_e → *zone piétonne*

b. die _ _ pe_ → *feu tricolore*

c. die B_sh_lte_t_ _le → *arrêt de bus*

d. die U-_ _hn-S_ _ti_n → *station de métro*

e. der _ a _ w _ _ → *piste cyclable*

WIEN

Wien, *Vienne* est la capitale de l'Autriche. Voici les commentaires d'élèves en voyage scolaire à Vienne. Lis-les et réponds aux questions.

> Am Mittwoch waren wir in **Schönbrunn**[1]. Zuerst haben wir das **Schloss**[1] **besichtigt**[2]. Es war sehr interessant. Wir haben auch **Sissis**[3] Zimmer gesehen. Dann waren wir im **Schlosspark**[4]. Er ist sehr schön mit einem **Irrgarten**[5] und einem Zoo. **Der Zoo**[6] wurde 1752 **gegründet**[7].
>
> 1. **das Schloss** (¨er), *le château* – **Schönbrunn** est le nom du château 2. **besichtigen**, *visiter* 3. **Sissis**, *de Sissi* (génitif saxon) – Sissi était impératrice d'Autriche et reine de Hongrie 4. **der Schlosspark (s)**, *le parc du château* 5. **der Irrgarten (¨n)**, *le labyrinthe* 6. **der Zoo (s)**, *le zoo* 7. **wurde … gegründet**, *fut érigé*.

14 Réponds aux questions.

a. Wo waren die Schüler gestern?
→ ....

b. Was haben sie zuerst besichtigt?
→ ....

c. Was gibt es* im Schlosspark? (*es gibt, *il y a* régit l'accusatif)
→ ....

d. Wann wurde der Tiergarten gegründet?
→ ....

> Donnerstag war ein cooler Tag!!! **Am Morgen**[1] haben wir **zu Fuß**[2] die Innenstadt besichtigt und **am Nachmittag**[1] sind wir mit der U-Bahn in den **Prater**[3] gefahren. **Am Abend**[1] sind wir mit dem **Riesenrad**[4] gefahren. Wir haben Wien **bei Nacht**[5] und **von oben**[6] gesehen. Es war toll!
>
> 1. **Am Morgen/Nachmittag/Abend**, *le matin/l'après-midi/le soir* 2. **zu Fuß**, *à pied* 3. **der Prater** est le nom du parc d'attractions de Vienne 4. **das Riesenrad** (¨er), *la grande roue* 5. **bei Nacht**, *la nuit* (angl. *by night*) 6. **von oben**, *d'en haut*.

e. Was haben die Schüler am Morgen gemacht?
→ ....

f. Wie sind sie in den Prater gefahren?
→ ....

g. Was haben sie am Abend gemacht und gesehen?
→ ....

> **Am Freitagmorgen**[1] sind wir mit dem Bus zur **UNO-City**[2] gefahren. Es war eine sehr interessante **Führung**[3]. Und am Nachmittag haben wir eine **Radtour**[4] **rund um**[5] Wien gemacht. Wir **hatten viel Spaß**[6]!
>
> 1. **am Freitagmorgen**, *vendredi matin* 2. **UNO-City** *à Vienne est l'un des sièges de l'ONU* 3. **die Führung (en)**, *la visite guidée* 4. **die Radtour (en)**, *le tour à vélo* 5. **rund um**, *autour de* 6. **viel Spaß haben**, *s'amuser beaucoup*.

h. Wann waren die Schüler in der UNO City?
→ ....

i. Wie sind sie zur UNO City gefahren?
→ ....

j. Was haben sie am Nachmittag gemacht?
→ ....

MODULE 4 : ICH BIN FREMD IN DIESER STADT

Bilan

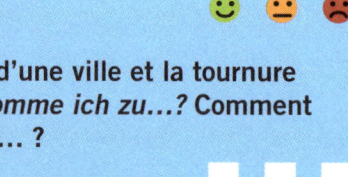

Lieux d'une ville et la tournure *Wie komme ich zu…?* Comment aller à… ?

1. ……………………… ☐ ☐ ☐

Les prépositions de lieu

2. ……………………… ☐ ☐ ☐

L'impératif et comment indiquer un itinéraire

3. ……………………… ☐ ☐ ☐

Les transports en commun

4. ……………………… ☐ ☐ ☐

L'interrogative indirecte avec le verbe *wissen*, savoir

5. ……………………… ☐ ☐ ☐
6. ……………………… ☐ ☐ ☐

Les verbes de modalité *können*, pouvoir, *müssen*, devoir, *wollen*, vouloir au présent de l'indicatif

7. ……………………… ☐ ☐ ☐
8. ……………………… ☐ ☐ ☐

Les verbes de modalité *können*, pouvoir, *müssen*, devoir, *wollen*, vouloir, au prétérit.

9. ……………………… ☐ ☐ ☐
10. ……………………… ☐ ☐ ☐

Le verbe de modalité *dürfen*, avoir le droit / la permission au présent de l'indicatif et au prétérit

11. ……………………… ☐ ☐ ☐

Les tournures *Es ist erlaubt / Es ist verboten zu…*, Il est permis / Il est interdit de…

12. ……………………… ☐ ☐ ☐

Quelques panneaux de signalisation

13. ……………………… ☐ ☐ ☐

Point Culture

14. ……………………… ☐ ☐ ☐

Wir gehen shoppen

Objectifs

- **Établir une liste de cadeaux pour la famille**
  Pour cela, nous allons voir :
  - les déterminants possessifs
  - une liste de cadeaux
  - les pronoms personnels à l'accusatif et au datif
  - le double complément

- **Chercher et choisir un article**
  Pour cela, nous allons voir :
  - le plan d'un grand magasin
  - du vocabulaire thématique
  - l'adjectif interrogatif **welcher**, **welche**, **welches**, **welche**, *quel-*
  - l'interrogatif **was für ein-**, *quel genre de*
  - le déterminant démonstratif **dieser**, **diese**, **dieses**, **diese**, *ce*, *cet*, *cette*, *ces*

- **Parler des prix et d'argent**
  Pour cela, nous allons voir :
  - les nombres cardinaux jusqu'au million
  - le verbe **kosten**, *coûter*
  - du vocabulaire autour de l'argent

- **POINT CULTURE**
  D'où vient le terme allemand **Das Sparschweinchen** pour *tirelire* ?

Module 5

MODULE 5 : WIR GEHEN SHOPPEN

Les déterminants possessifs

ich	du	er/es	sie	wir	ihr	sie	Sie
mein-	dein-	sein-	ihr-	unser-	eu(e)r-	ihr-	Ihr-

Les déterminants possessifs dépendent du possesseur.

	masculin	féminin	neutre	pluriel
nominatif	mein**er** klein**er** Bruder	mein**e** klein**e** Schwester	mein klein**es** Kind	mein**e** klein**en** Brüder
accusatif	mein**en** klein**en** Bruder	mein**e** klein**e** Schwester	mein klein**es** Kind	mein**e** klein**en** Brüder
datif	mein**em** klein**en** Bruder	mein**er** klein**en** Schwester	mein**em** klein**en** Kind	mein**en** klein**en** Brüder**n**

Les terminaisons des déterminants possessifs dépendent du possédé (genre, nombre et fonction dans la phrase). Les terminaisons du tableau ci-dessus valent pour tous les déterminants possessifs. Il s'agit de la même déclinaison qu'un groupe nominal construit avec **kein**. Exemples :

Accusatif féminin :
Das Geschenk ist für deine kleine Schwester? → *Le cadeau est pour ta petite sœur ?*
Datif masculin :
Was schenkt sie ihrem kleinen Bruder? → *Qu'est-ce qu'elle offre à son petit frère ?*

Attention ! À la 3ᵉ personne du singulier, le déterminant **sein** se réfère à un possesseur masculin ou neutre et **ihr** à un possesseur féminin.
Nominatif masculin : **Leo und sein Vater sind...** → *Léo et son père sont...*
Nominatif neutre : **Das Kind und sein Vater sind...** → *L'enfant et son père sont...*
Nominatif féminin : **Anna und ihr Vater sind...** → *Anna et son père sont...*

Attention ! Euer perd son **-e** lorsqu'il prend une terminaison : **Das ist für euer Kind?** → *C'est pour votre enfant ? ***Das ist für eure Schwester.*** → *C'est pour votre sœur.*

Banque de mots

shoppen gehen	*aller faire des courses/du shopping*
das Geschenk (e)	*le cadeau*

MODULE 5 : WIR GEHEN SHOPPEN

1 Complète les terminaisons des déterminants possessifs et adjectifs qualificatifs. Écris Ø s'il n'y a pas de terminaison.

a. Anna und ihr……… französisch……… Austauschpartnerin gehen shoppen.

b. Gehst du mit dein……… französisch……… Austauschpartnerin shoppen?

c. Das Geschenk ist für eur……… Deutschlehrer.

d. Was schenkst du dein……… klein……… Schwester?

Liste de cadeaux

das Kleid (er)	la robe
die Bluse (n)	le chemisier
der Pulli (s)	le pull
die Kette (n)	le collier
der Ohrring (e)	la boucle d'oreille
das Handy (s)	le téléphone portable
das Surfbrett (er)	la planche de surf

der Koffer (-)	la valise
die Kopfhörer (pl.)	les écouteurs
das Buch ("er)	le livre
schenken	offrir
kaufen	acheter

2 Complète les phrases avec les déterminants possessifs (le possesseur est en gras) et le cadeau offert (picto).

a. **Anna** schenkt …………………… Mutter eine …………………… .

b. **Wir** schenken …………………… Vater einen …………………… .

c. **Herr Schmidt** schenkt …………………… Tochter ein …………………… .

d. **Schenkst** du …………………… Eltern ein ……………………?

e. **Leo und Anna** schenken …………………… Bruder …………………… .

f. Schenkt **ihr** …………………… Mutter ein ……………………?

MODULE 5 : WIR GEHEN SHOPPEN

Les pronoms personnels accusatif et datif

nominatif	ich	du	er	sie	es	wir	ihr	sie	Sie
accusatif	**mich**	**dich**	**ihn**	**sie**	**es**	**uns**	**euch**	**sie**	**Sie**
datif	**mir**	**dir**	**ihm**	**ihr**	**ihm**	**uns**	**euch**	**ihnen**	**Ihnen**

Mémorise bien ce tableau, ou révise si tu as déjà étudié tous les pronoms personnels accusatif et datif.

3 Indique, dans les parenthèses, le pronom personnel correspondant à chaque groupe nominal en gras.

a. Das ist für **Anna** (................).

b. Was schenkt ihr **den Kindern** (................)?

c. **Das Geschenk** (................) ist für **Leo** (................).

d. **Die Bücher** (................) sind für **deine Eltern** (................).

e. **Ich und Leo** (................) kaufen **das Buch** (................).

f. Das ist für **dich und deinen Bruder** (................).

Le double complément

Certains verbes peuvent se construire avec un complément accusatif et datif (= double complément). Exemples : **jemandem etwas geben/kaufen/schenken…**
➜ *donner/offrir/acheter quelque chose à quelqu'un.*

Attention à l'ordre des compléments ! Il varie selon s'il s'agit de groupes nominaux ou de pronoms personnels.

• Groupe nominal datif devant groupe nominal accusatif :

Ich kaufe meiner Mutter ein Buch ➜ *J'achète un livre à ma mère.*
            D   A

Kaufst du deiner Mutter ein Buch? ➜ *Tu achètes un livre à ta mère ?*
            D   A

• Pronom personnel devant groupe nominal indépendamment du cas :

Ich kaufe ihr ein Buch ➜ *Je lui achète un livre.*
      D   A

Kaufst du ihr ein Buch? ➜ *Tu lui achètes un livre ?*
      D   A

MODULE 5 : WIR GEHEN SHOPPEN

Ich kaufe **es meiner Mutter** → *Je l'achète à ma mère.*
        A   D

Kaufst du **es deiner Mutter?** → *Tu l'achètes à ta mère ?*
          A   D

• **Pronom personnel accusatif devant pronom personnel datif :**
Ich kaufe **es ihr** → *Je le lui achète.*
        A D

Kaufst du **es ihr?** → *Tu le lui achètes ?*
          A D

Note aussi que les compléments d'objet (groupe nominal ou pronom personnel) se placent toujours derrière le verbe conjugué dans une phrase déclarative et derrière le sujet dans une phrase interrogative.

4 Souligne les compléments datif en **rouge** et accusatif en **vert**.

a. Sie kauft ihren Eltern Kopfhörer.

b. Er schenkt ihm Kopfhörer.

c. Sie geben es ihren Kindern.

d. Wir geben es ihm.

e. Schenkst du es ihr?

5 Réécris les phrases en remplaçant les groupes nominaux soulignés par un pronom personnel et respecte l'ordre des compléments d'objet.

a. Die Kinder schenken <u>ihren Eltern</u> <u>die Kopfhörer</u>.
→ ....

b. Wir geben ihm <u>das Geschenk</u>.
→ ....

c. Anna schenkt <u>ihrem Vater</u> <u>das Buch</u>.
→ ....

d. Ich kaufe <u>meiner Schwester</u> <u>den Pulli</u>.
→ ....

MODULE 5 : WIR GEHEN SHOPPEN

Plan d'un grand magasin

3. OG, 3ᵉ	**Spielwaren & Videospiele**, *jouets et jeux vidéo* ; **Computer & Handys & Elektronik**, *ordinateurs, téléphones portables et électronique*
2. OG, 2ᵉ	**Herrenmode**, *mode pour homme* ; **Damenmode**, *mode pour femme* ; **Schuhe**, *chaussures* ; **Reisegepäck**, *bagages*
1. OG, 1ᵉʳ	**Teenagermode**, *mode jeunes* ; **Kindermode**, *mode enfants* ; **Sportartikel**, *articles de sport*
EG	**Schreibwaren**, *papeterie* ; **Bücher & CDs**, *livres & CD* ; **Parfümerie & Beauty**, *parfumerie et beauté* ; **Uhren & Schmuck**, *montres et bijoux*
UG	**Lebensmittel**, *alimentation*

OG = das Obergeschoss, *l'étage*
EG = das Erdgeschoss, *le rez-de-chaussée*
UG = das Untergeschoss, *le sous-sol*
im Untergeschoss, im ersten Obergeschoss, *au sous-sol, au premier étage*

Au lieu de **das Obergeschoss**, on dit aussi fréquemment **der Stock**. Exemples :
Die Abteilung Herrenmode ist im ersten Obergeschoss/Stock
→ *Le rayon homme est au premier étage.*
Die Abteilung Lebensmittel ist im Untergeschoss
→ *Le rayon alimentation est au sous-sol.*

6 Indique en toutes lettres les étages des différents rayons en te référant au plan ci-dessus.

a. Die Beauty-Abteilung ist ....

b. Die Spielwarenabteilung ist ....

c. Die Lebensmittelabteilung ist ....

d. Die Schreibwarenabteilung ist ....

7 Indique le nom de l'article et du rayon.
Exemple :  der Stift → Schreibwaren

a. der .... → ....

b. die .... → ....

c. die .... → ....

d. die .... → ....

MODULE 5 : WIR GEHEN SHOPPEN

Banque de mots

schöner	*plus beau*
besser	*mieux*
finden	*trouver*
passen zu (+ dat.)	*aller avec*
suchen	*chercher*
gefallen (dat.)	*plaire à*
→ Der Pulli gefällt mir; Gefallen dir die Ohrringe?	→ *Le pull me plaît ; Est-ce que les boucles d'oreilles te plaisent ?*
die Größe (n)	*la taille*
die Farbe (n)	*la couleur*
in welcher Farbe/Größe (construction dative)	*quelle couleur/taille*
das Modell (e)	*le modèle*

L'adjectif interrogatif *welcher, welche, welches, welche*, quel-

	masculin	féminin	neutre	pluriel
nominatif	**welcher Pulli**	**welche Bluse**	**welches Kleid**	**welche Schuhe**
accusatif	**welchen Pulli**	**welche Bluse**	**welches Kleid**	**welche Schuhe**
datif	**welchem Pulli**	**welcher Bluse**	**welchem Kleid**	**welchen Schuhen**

Welch- correspond à l'interrogatif *quel-* en français et se décline comme **der, die, das, die**. Exemples :
Accusatif masculin : **Welchen** Pulli kaufst du? → *Quel pull achètes-tu ?*
Nominatif pluriel et datif neutre : **Welche** Schuhe passen zu **welchem** Kleid?
→ *Quelles chaussures vont avec quelle robe ?*

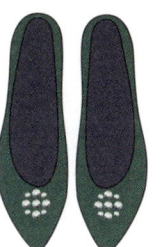   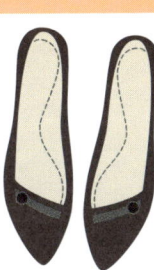

MODULE 5 : WIR GEHEN SHOPPEN

8 Complète l'interrogatif *welch-*.

a. Welch................ Kette hast du gekauft?

b. Welch................ Computer findest du besser?

c. Welch................ Farbe passt zu dem Kleid?

d. Welch................ Modell ist besser?

e. In welch................ Farbe und in welch................ Größe?

L'interrogatif *was für ein-*, quel genre de

	masculin	féminin	neutre	pluriel
accusatif	was für einen Pulli	was für eine Bluse	was für ein Kleid	was für Schuhe

Was für ein(-)…? ➔ *Quel genre de… ?* s'emploie lorsque l'interrogation porte sur le genre/le modèle/la catégorie auquel/à laquelle appartient quelqu'un/quelque chose ; la réponse se construit avec l'article indéfini ou sans article au pluriel. Il se décline comme l'article indéfini **ein**. Note que cette leçon se limite à son emploi à l'accusatif.

Accusatif masculin : **Was für einen Mantel suchst du ? – Einen dünnen Mantel.**
  ➔ *Quel genre de manteau cherches-tu ?*
  Un manteau léger.

Accusatif pluriel : **Was für Ohrringe suchst du ? – Ohrringe aus Gold**
  ➔ *Quel genre de boucles d'oreilles cherches-tu ?*
  Des boucles d'oreilles en or.

9 Complète les phrases avec *Was für (ein-)*.

a. .... Kopfhörer suchst du?

b. .... Koffer suchst du?

c. .... Kette suchst du?

d. .... Surfbrett suchst du?

MODULE 5 : WIR GEHEN SHOPPEN

Banque de mots

schick	chic
sportlich	de sport
dick	gros
dünn	léger

 **Welch-** ou **Was für (ein-)** ? À toi de jouer !

a. .... Schuhe hast du gekauft? Schicke schwarze Schuhe.

b. .... Schuhe hast du gekauft? Die dünnen schwarzen Schuhe.

c. .... Pulli hast du gekauft? Einen dicken sportlichen Pulli.

d. .... Pulli hast du gekauft? Den dünnen weißen Pulli.

Le déterminant démonstratif *dieser, diese, dieses, diese,* ce, cet, cette, ces

	masculin	féminin	neutre	pluriel
nominatif	**dieser blaue Pulli**	**diese blaue Bluse**	**dieses blaue Kleid**	**diese blauen Schuhe**
accusatif	**diesen blauen Pulli**	**diese blaue Bluse**	**dieses blaue Kleid**	**diese blauen Schuhe**
datif	**diesem blauen Pulli**	**dieser blauen Bluse**	**diesem blauen Kleid**	**diesen blauen Schuhen**

Il correspond à *ce, cet, cette, ces*. Il suit la même déclinaison qu'un groupe nominal défini.
Nominatif masculin : **Dieser blaue Pulli gefällt mir**
  ➔ *Ce pull bleu me plaît.*
Accusatif neutre : **Wie findest du dieses Handy?**
  ➔ *Comment trouves-tu ce portable ?*

MODULE 5 : WIR GEHEN SHOPPEN

11 **Complète les terminaisons.**

a. Dies............ schwarz............ Schuhe sind sehr schön.

b. Wie findest du dies............ neu............ Computer?

c. Gefallen dir dies............ blau............ Ohrringe?

d. Passt dies............ rot............ Pulli zu dies............ Bluse?

e. Dies............ neu............ Handy gefällt mir.

Les nombres cardinaux jusqu'au million

12 Tu auras sûrement déjà étudié une partie des nombres ordinaux en 5e ou en 6e. À toi donc de rédiger le début !

- **De 1 à 12** : ces chiffres/nombres sont la base des autres nombres. Il faut impérativement les connaître par cœur. T'en souviens-tu ? Indique-les en lettres.

1	....	7	....
2	....	8	....
3	....	9	....
4	....	10	....
5	....	11	....
6	....	12	....

Et **zéro** se dit ....

- **De 13 à 19** : on indique l'unité puis la dizaine. 13 ➜ **drei** + **zehn** ➜ **dreizehn**. Attention : 16 et 17 présentent une petite irrégularité !

14	....	17	....
15	....	18	....
16	....	19	....

- **20, 30, 40 … 90** : les dizaines se terminent toutes par le suffixe **-zig** ou **-ßig** pour 30. 20 **zwanzig** ; 30 **dreißig**…

40	....	70	....
50	....	80	....
60	....	90	....

MODULE 5 : WIR GEHEN SHOPPEN

- **De 21 à 99 :** on indique unité + **und** + dizaine. 22 ➜ **zwei** + **und** + **zwanzig** ➜ **zweiundzwanzig**. Attention ! **Eins** perd son **-s** : 21 ➜ **ein** + **und** + **zwanzig** ➜ **einundzwanzig** ; 41 ➜ **ein** + **und** + **vierzig** ➜ **einundvierzig**.

    31 ....   77 ....
    45 ....   81 ....
    54 ....   99 ....

- **Les centaines et milliers :** Pour 100 et 1 000, on dit **hundert** ou **einhundert** et **tausend** ou **eintausend**. On indique le millier puis la centaine.
    200 ➜ **zwei** + **hundert** ➜ **zweihundert** ; 2 000 ➜ **zwei** + **tausend** ➜ **zweitausend** ;
    2 200 ➜ **zweitausendzweihundert**.
    300 ➜ **drei** + **hundert** ➜ **dreihundert** ; 3 000 ➜ **drei** + **tausend** ➜ **dreitausend** ;
    3 300 ➜ **dreitausenddreihundert**
    Les unités et les dizaines viennent se greffer au nombre, le tout en un mot jusqu'à 999 999.

    467   ➜ vierhundert + siebenundsechzig ➜ vierhundertsiebenundsechzig
    496   ➜ ....
    768   ➜ ....
    2 403 ➜ zweitausend + vierhundert + drei ➜ zweitausenvierhundertdrei
    6 905 ➜ ....
    7 918 ➜ ....

- 1 000 000 se dit **eine Million**, 2 000 000 **zwei Millionen**.
    Le million s'écrit séparément :

    3 850 000   ➜ drei Millionen achthundertfünfzigtausend
    4 568 900   ➜ ....
    7 680 500   ➜ ....

Le verbe *kosten* coûter

Kosten signifie *coûter*. Pour demander le prix, on emploie le pronom interrogatif **wie viel**, *combien* + **kostet/kosten**, *coûte/coûtent* et on répond par **Es kostet…**
Wie viel kostet es? ➜ *Ça coûte combien ?*
Wie viel kosten die Schuhe? ➜ *Combien coûtent les chaussures ?*
Es kostet 50 Euro ➜ *Ça coûte 50 euros.*

Attention ! En allemand, le nom des monnaies ne prend pas de marque plurielle lorsqu'il est précédé d'un chiffre/nombre.

MODULE 5 : WIR GEHEN SHOPPEN

L'argent

das Geld	l'argent
die Münze (n)	la pièce de monnaie
10-Cent-Münze	la pièce de 10 centimes
der Geldschein (e) (abrégé Schein)	le billet
der 10-Euro-Schein	le billet de 10 euros
➜ Es kostet 10 (zehn) Euro 15 (fünfzehn)	➜ Ça coûte 10 euros 15
teuer ≠ billig	cher ≠ bon marché

13 Indique en toutes lettres le montant des pièces et billets.
Exemple : pièce de 2 euros ➜ *die 2-Euro-Münze*

a. billet de 50 Euros ➜ ....

b. pièce de 5 Cents ➜ ....

c. billet de 100 Euros ➜ ....

d. pièce de 1 cent ➜ ....

14 Complète les phrases par : *wie viel, billig, Euro, kostet, Geld, Schein, kosten, Münze*.
Ajoute les majuscules si nécessaire.

a. .... kostet das Handy?

b. Es .... 189 Euro.

c. Ich brauche einen 20-Euro- ....

d. Wie viel .... die Kopfhörer?

e. Hast du eine 2-Euro- ....?

f. Es kostet 7 ....

g. Hast du ....?

h. Ist es teuer? – Nein, es ist ....

DAS SPARSCHWEINCHEN

Après l'argent, parlons économies ! En allemand, le verbe **sparen** signifie *économiser/épargner* et pour désigner une tirelire, on emploie soit les termes **die Spardose (n) / Sparbüchse (n)**, soit le terme **das Sparschwein (e)**, littéralement *cochon de l'épargne/pour épargner*. Et casser sa tirelire se dit **das Sparschwein schlachten**, littéralement *tuer le cochon*. D'où vient cette association entre le cochon et l'épargne ? Voici une explication à ce sujet.

Warum spart man sein Geld in einem Sparschwein? Woher kommt der Name? Sparscheine gibt es schon **seit**[1] dem **Mittelalter**[2]. Bei den **mittelalterlichen**[3] **Bauern**[4] **spielt** das Schwein **eine wichtige und positive Rolle**[5]. Es **symbolisiert**[6] **Fruchtbarkeit**[7] und **Wohlstand**[8]. **Daher**[9] **wird** das Schwein **zu**[10] einem **Symbol**[11] für Geld und für eine Sparbüchse. Es ist bei den Kindern sehr **beliebt**[12] und es **erfüllt** auch **eine pädagogische Aufgabe**[13]. Das Kind **füttert**[14] sein Sparschwein mit Münzen und lernt warten, bis es **voll**[15] ist. Und "Sparschwein voll – alles toll![15]"

1. **seit** (+ datif) *depuis* 2. **das Mittelalter**, *le Moyen Âge* 3. **mittelalterlich**, *médiéval* 4. **der Bauer (n)**, *le paysan* 5. **eine wichtige und positive Rolle spielen**, *jouer un rôle important et positif* 6. **symbolisieren**, *symboliser* 7. **die Fruchtbarkeit**, *la fertilité* 8. **der Wohlstand**, *la prospérité* 9. **daher**, *de là* 10. **werden zu**, *devenir* 11. **das Symbol (e)**, *le symbole* 12. **beliebt**, *populaire* 12. **eine pädagogische Aufgabe erfüllen**, *remplir un devoir pédagogique* 13. **füttern**, *nourrir* 14. **voll**, *plein* 15. **alles toll**, litt. *tout super*.

MODULE 5 : POINT CULTURE

15 Réponds aux questions.

a. Seit wann gibt es Sparschweine?

....

b. Bei wem¹ spielt das Schwein eine wichtige und positive Rolle?

....

c. Was symbolisiert es?

....

d. Was macht das Kind mit seinem Sparschwein?

....

e. Was sagt man? Sparschwein voll – ....
....

1. **bei wem**, *chez qui*

Bilan

MODULE 5 : WIR GEHEN SHOPPEN

Les déterminants possessifs et vocabulaire autour des cadeaux
1. .... ☐ ☐ ☐
2. .... ☐ ☐ ☐

Les pronoms personnels accusatif et datif
3. .... ☐ ☐ ☐

Le double complément
4. .... ☐ ☐ ☐
5. .... ☐ ☐ ☐

Plan d'un grand magasin
6. .... ☐ ☐ ☐
7. .... ☐ ☐ ☐

L'adjectif interrogatif *welcher, welche, welches, welche*, quel-
8. .... ☐ ☐ ☐

L'interrogatif *was für ein*, quel genre de
9. .... ☐ ☐ ☐

***Welch-*, quel- ou *was für ein-*? quel genre de**
10. .... ☐ ☐ ☐

Le déterminant démonstratif *dieser, diese, dieses, diese*, ce, cet, cette, ces
11. .... ☐ ☐ ☐

Les nombres cardinaux jusqu'au million
12. .... ☐ ☐ ☐

Le verbe *kosten*, coûter et l'argent
13. .... ☐ ☐ ☐
14. .... ☐ ☐ ☐

Point Culture
15. .... ☐ ☐ ☐

Gut • besser • am besten

Objectifs

- **Évaluer le travail scolaire**
  Pour cela, nous allons voir :
  - le système de notation allemand
  - les noms des matières scolaires
  - des tournures de phrases et du vocabulaire thématique

- **Donner des conseils scolaires**
  Pour cela, nous allons voir :
  - les verbes pronominaux avec pronoms réfléchis à l'accusatif
  - le verbe de modalité **sollen**, *devoir* au présent de l'indicatif et au subjonctif II (= conditionnel)
  - la proposition subordonnée conjonctive introduite par **weil**, *parce que*

- **Comparer ses performances sportives**
  Pour cela, nous allons voir :
  - le comparatif d'égalité et d'infériorité
  - du vocabulaire thématique
  - le comparatif de supériorité
  - le superlatif

- **POINT CULTURE**
  Jugend musiziert, concours de musique pour les élèves des écoles allemandes

Module 6

MODULE 6 : GUT • BESSER • AM BESTEN

Le système de notation allemand

Das Zeugnis (se) signifie *le bulletin scolaire* et **die Note (n)** *la note*. Souviens-toi que dans le système allemand, les notes vont de 1 à 6 :

1 **eins** (**sehr gut**, *très bien*)
2 **zwei** (**gut**, *bien*)
3 **drei** (**befriedigend**, *satisfaisant*)
4 **vier** (**ausreichend**, *suffisant*)
5 **fünf** (**mangelhat**, *médiocre*)
6 **sechs** (**ungenügend**, *insuffisant*)

On distingue aussi **+** (**plus**) et **–** (**minus**) : **3+** = *satisfaisant élevé* et **3–** = *satisfaisant bas*. Pour indiquer la note, on emploie les chiffres et non les mentions entre parenthèses. Néanmoins, il est bien de savoir à quoi correspondent ces mentions. Les as-tu bien mémorisées ?

I Indique la note correspondant aux mentions suivantes.

a. gut → ....

b. mangelhaft → ....

c. befriedigend → ....

d. ausreichend → ....

e. sehr gut → ....

f. ungenügend → ....

Les noms des matières scolaires

Te souviens-tu des noms des matières scolaires ? Certains sont proches du français, d'autres non. Teste tes connaissances avec l'exercice ci-contre.

MODULE 6 : GUT • BESSER • AM BESTEN

2 **Complète ce bulletin de notes avec** : *Sport, Biologie, Französisch, Religion/Ethik, Englisch, Chemie, Mathematik, Musik, Deutsch, Informatik, Erdkunde, Geschichte, Kunst, Physik.*

	ZEUGNIS	
a.	.... (mathématiques)	1
b.	.... (allemand)	2+
c.	.... (anglais)	3
d.	.... (français)	2
e.	.... (histoire)	4+
f.	.... (géographie)	2-
g.	.... (chimie)	2
h.	.... (physique)	1
i.	.... (biologie)	5
j.	.... (informatique)	2
k.	.... (religion/éthique)	1
l.	.... (dessin)	4-
m.	.... (musique)	1
n.	.... (sport)	2

3 **Les élèves emploient souvent des abréviations pour les noms des matières, comme en français MATHS au lieu de MATHÉMATIQUES. À quelles matières correspondent ces abréviations ?**

a. Franz ➜ ....

b. Reli ➜ ....

c. Mathe ➜ ....

d. Bio ➜ ....

79

MODULE 6 : GUT • BESSER • AM BESTEN

Tournures de phrase et vocabulaire thématique

die Klassenarbeit (en), *le contrôle/devoir sur table*
der Test (s), *le test*
das Referat (e), *l'exposé*
Pour spécifier la matière, on forme des noms composés sur le *nom de la matière* + **-arbeit/-test/-referat**
➜ **die Deutscharbeit (en)**, *le contrôle d'allemand* ;
der Deutschtest, *le test d'allemand* ;
das Deutschreferat, *l'exposé d'allemand.*

Pour poser des questions au sujet des notes et répondre, on dit :
Welche Note hast du (in der Deutscharbeit, im Deutschtest, im Deutschreferat, im Zeugnis…)?
➜ *Quelle note as-tu (en contrôle d'allemand, en test d'allemand, en exposé d'allemand, dans le bulletin scolaire…) ?*
Ich habe eine Fünf (in der Deutscharbeit…)
➜ *J'ai un cinq (en contrôle d'allemand…).*
Il s'agit d'une construction dative.

Les noms de matière, quant à eux, ne prennent pas d'article et se construisent juste avec la préposition **in** :
Welche Note hast du in Sport, in Deutsch…?
➜ *Quelle note as-tu en sport, en allemand… ?*

4 Complète les phrases.

KLASSENARBEIT Englisch	.... hast du in
Lea Maier	der ....?
Note: **4–**	– Ich .... 4-.

ZEUGNIS Mathematik	.... hast du
Lea Maier	im ....?
Note: **2**	– Ich .... eine 2.

MODULE 6 : GUT • BESSER • AM BESTEN

Les verbes pronominaux avec pronoms réfléchis à l'accusatif

Les verbes pronominaux sont accompagnés d'un pronom réfléchi qui varie selon la personne. Exemple : **sich konzentrieren**, *se concentrer*.

ich konzentriere mich	wir konzentrieren uns
du konzentrierst dich	ihr konzentriert euch
er/sie/es konzentriert sich	sie/Sie konzentrieren sich

N.B. Il s'agit ici des pronoms réfléchis à l'accusatif. On les emploie avec la plupart des verbes pronominaux.

Banque de mots

sich (in Mathe, in der Schule...) an/strengen	*faire des efforts (en maths à l'école...)*
sich (in Mathe, in der Schule...) verbessern	*s'améliorer / faire des progrès (en maths, à l'école...)*
sich (auf eine Klassenarbeit...) vorbereiten	*se préparer à un contrôle*
nicht genug	*pas assez*

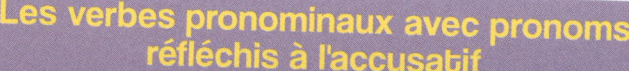

5 Complète les phrases avec les pronoms réfléchis.

a. Lea konzentriert .... nicht genug.

b. Ihr strengt .... nicht genug an.

c. Du konzentriest .... nicht genug.

d. Haben sie .... in der Schule verbessert?

e. Ich muss .... besser konzentrieren.

MODULE 6 : GUT • BESSER • AM BESTEN

Le verbe *sollen*, devoir au présent de l'indicatif et au subjonctif II

Pour donner un conseil, on emploie le verbe de modalité **sollen** au présent de l'indicatif ou au subjonctif II (= conditionnel). Il signifie *devoir* dans le sens atténué d'un conseil et non d'une obligation (cf. **müssen**, module. 4). On l'emploie au présent de l'indicatif (Attention à sa conjugaison irrégulière !) ou au conditionnel pour mieux souligner qu'il s'agit d'un conseil.

	Présent de l'indicatif	Conditionnel
ich	**soll**	**sollte**
du	**sollst**	**solltest**
er/sie/es	**soll**	**sollte**
wir	**sollen**	**sollten**
ihr	**sollt**	**solltet**
sie/Sie	**sollen**	**sollten**

Du sollst dich besser konzentrieren
→ *Tu dois mieux te concentrer.*
Du solltest dich besser konzentrieren
→ *Tu devrais mieux te concentrer.*

Banque de mots

| besser | *mieux* |
| mehr | *plus* |

| lernen | *étudier/apprendre* |

6 Transpose ces phrases au conditionnel.

a. Wir sollen uns mehr anstrengen.

....

b. Er soll sich besser auf die Klassenarbeiten vorbereiten.

....

c. Du sollst dich auf den Mathetest vorbereiten.

....

7 Transpose ces phrases au présent de l'indicatif.

a. Er sollte sich besser auf die Klassenarbeiten vorbereiten.

....

b. Sie sollten mehr lernen.

....

c. Ihr solltet euch besser konzentrieren.

....

MODULE 6 : GUT • BESSER • AM BESTEN

La proposition subordonnée conjonctive introduite par *weil*, *parce que*

Il existe plusieurs types de propositions subordonnées conjonctives (causale, temporelle ...). Elles sont introduites par différentes conjonctions de subordination. Pour exprimer la cause, on emploie la conjonction de subordination **weil**, *parce que*. Celle-ci ainsi que les autres conjonctions de subordination sont toujours précédées d'une virgule et le verbe conjugué se trouve en dernière position. Observe bien le passage d'une proposition indépendante (indiquée par (1) dans la leçon) à une proposition subordonnée conjonctive (indiquée par (2) dans la leçon) :

(1) **Er lernt nicht genug** ➜ *Il n'étudie pas assez.*
Er hat schlechte Noten, (2) **weil er nicht genug lernt**
➜ *Il a de mauvaises notes parce qu'il n'étudie pas assez.*
(1) **Er hat sich nicht genug konzentriert** ➜ *Il ne s'est pas assez concentré.*
Er hat schlechte Noten, (2) **weil er sich nicht genug konzentriert hat**
➜ *Il a de mauvaises notes parce qu'il ne s'est pas assez concentré.*
(1) **Er will nicht lernen** ➜ *Il ne veut pas étudier.*
Er hat schlechte Noten, (2) **weil er nicht lernen will**
➜ *Il a de mauvaises notes parce qu'il ne veut pas étudier.*

Dans le cas d'un verbe à particule séparable, le verbe conjugué se rattache à la particule :
(1) **Er strengt sich in der Schule nicht an** ➜ *Il ne fait pas beaucoup d'efforts à l'école.*
Er hat schlechte Noten, (2) **weil er sich in der Schule nicht anstrengt**
➜ *Il a de mauvaises notes parce qu'il ne fait pas beaucoup d'efforts à l'école.*

8 Transpose ces propositions indépendantes en propositions subordonnées conjonctives.

a. Du konzentrierst dich nicht genug.
➜ Du hast schlechte Noten, weil ....

b. Ihr habt nicht genug gelernt.
➜ Ihr habt schlechte Noten, weil ....

c. Sie strengt sich in Mathe nicht an.
➜ Sie hat eine 5 in der Klassenarbeit, weil ....

Le comparatif d'égalité et le comparatif d'infériorité

- Le comparatif d'égalité se forme à l'aide de **genauso/so** + adjectif attribut ou adverbe + **wie** : **Ich renne genauso (ou so) schnell wie du** ➜ *Je cours aussi vite que toi.*

- Le comparatif d'infériorité se forme à l'aide de **nicht** + comparatif d'égalité : **Ich renne nicht genauso (ou so) schnell wie du** ➜ *Je ne cours pas aussi vite que toi.*

MODULE 6 : GUT • BESSER • AM BESTEN

Banque de mots

weit	*loin*	trainieren	*s'entraîner*
hoch	*haut*	rennen	*courir*
schnell	*vite*	schwimmen	*nager*
stark	*fort*	springen	*sauter*
sportlich	*sportif*		

9 **Complète les phrases par** *weit*, *hoch*, *schnell*, *stark*.

a. Leo springt so .... wie Tobias.

b. Leo rennt nicht so .... wie Tobias.

c. Leo ist nicht so .... wie Tobias.

d. Leo springt so .... wie Tobias.

Le comparatif de supériorité

Pour former le comparatif de supériorité, on ajoute le suffixe **-er** à l'adjectif attribut ou à l'adverbe : **schnell**er, *plus vite* ; **weit**er, *plus loin*.

La grande majorité des monosyllabiques en **-a**, **-o** ou **-u** prennent un **Umlaut** : st**ä**rk**e**r, *plus fort*.

Certains adjectifs ou adverbes ont une forme irrégulière : **gut** ➜ **besser**, *meilleur / mieux* ; **hoch** ➜ **höher**, *plus haut* ; **viel** ➜ **mehr**, *plus*.

L'élément comparé est précédé de **als** : **Lea springt höher als Claudia** ➜ *Léa saute plus haut que Claudia.*

MODULE 6 : GUT • BESSER • AM BESTEN

10 Forme des phrases au comparatif de supériorité en ajoutant l'élément de comparaison.
Exemples : *Ich springe hoch. (du)* ➜ *Ich springe höher als du.*

a. Meine Schwester rennt schnell. (ich)
➜ ....

b. Sabine springt weit. (ihre Freundin)
➜ ....

c. Ich trainiere viel. (du)
➜ ....

d. Tobias ist sportlich. (sein Freund)
➜ ....

11 Entoure le comparatif de supériorité adapté.

a. Ich renne höher / schneller / sportlicher als du.

b. Ich springe stärker / schneller / weiter als du.

c. Ich schwimme besser / weiter / sportlicher als du.

d. Ich bin mehr / sportlicher / höher als du.

Le superlatif

On ajoute **-(e)sten** à l'adjectif attribut/adverbe précédé de **am** ; le **-e** phonétique vaut pour les adjectifs et adverbes terminés en **-t** ou **-d** : **am schnellsten**, *le plus vite* ; **am weitesten**, *le plus loin*.

Les adjectifs ou adverbes prenant un **Umlaut** au comparatif de supériorité le prennent aussi au superlatif : **am stärksten**, *le plus loin* ; **am höchsten**, *le plus haut*.

Parmi les irrégularités, note **gut** ➜ **am besten**, *le mieux* ; **viel** ➜ **am meisten**, *le plus*.
Anna rennt am schnellsten ➜ *Anna court le plus vite.*
Anna springt am höchsten ➜ *Anna saute le plus haut.*

12 Réponds aux questions par un superlatif.

a. Rennt Alex schnell? Er rennt ....

b. Springt Anna weit? Sie springt ....

c. Trainiert Luka viel? Er trainiert ....

d. Macht sie es gut? Sie macht es ....

e. Springt er hoch? Er springt ....

MODULE 6 : POINT CULTURE

JUGEND MUSIZIERT

Les écoles allemandes, en Allemagne et à l'étranger, organisent différents concours. L'un d'eux est **Jugend musiziert**. C'est un concours de musique connu dans les pays germaniques. Plusieurs grandes stars d'aujourd'hui y ont participé. Voici plus d'informations à ce sujet. Lis-les et réponds aux questions par **richtig**, *juste* ou **falsch**, *faux*.

Jugend musiziert ist seit 1963 ein **bekannter**[1] **Musikwettbewerb**[2] für Schüler **der deutschen Schulen**[3] in Deutschland und im Ausland. Er **fördert**[4] **klassische**[5] Musik, Pop und **Gesang**[6]. **Jedes Jahr**[7] nehmen bis zu 20 000 Schüler an *Jugend musiziert* teil.

Der Wettbewerb **besteht aus**[8] drei **Runden**[9] I. **Regionalwettbewerb**[10]: die Schüler **treten** in ihrer Schule **an**[11]. II. **Landeswettbewerb**[10]: alle **Gewinner**[12] **der ersten Runde** treten in einer Schule **ihres Bundeslandes**[13] an. Für **Auslandsschulen**[14] finden die 1. und 2. Runde im Ausland statt. III. **Bundeswettbewerb**[9] : alle Gewinner der zweiten Runde, auch die Schüler aus dem Ausland, treten in einer Schule in Deutschland an.

Bei jedem Wettbewerb werden **Urkunden**[15] und **Preise**[16] **vergeben**[17] und für die Besten kann es **der Anfang** einer großen **Karriere**[18] **bedeuten**[19]. **Willkommen und viel Erfolg**[20] bei "Jugend musiziert"!

1. **bekannt**, *connu* 2. **der Wettbewerb (e)**, *le concours* → **der Musikwettbewerb**, *le concours de musique* 3. **der deutschen Schulen**, *des écoles allemandes* (génitif, cf. module 8) 4. **fördern**, *promouvoir* 5. **klassisch**, *classique* 6. **der Gesang**, *le chant* 7. **jedes Jahr**, *chaque année* 8. **bestehen aus**, *consister en* 9. **die Runde (n)**, *la phase/le tour* 10. **der Regional-, Landes- und Bundeswettbewerb**, *concours au niveau de l'école, du Land et du pays* 11. **an/treten**, *se présenter/s'affronter* 12. **der Gewinner (-)**, *le vainqueur* → **Gewinner der ersten Runde**, *le vainqueur du 1er tour* (génitif, cf. module 8) 13. **ihres Bundeslandes**, *de leur Land* (génitif, cf. module. 8) 14. **die Auslandsschule (n)**, *l'école à l'étranger* 15. **die Urkunde (n)**, *le diplôme* 16. **der Preis (e)**, *le prix* 17. **vergeben**, *décerner* 18. **der Anfang (¨e)** *le début* → **der Anfang einer großen Karriere**, *le début d'une grande carrière* ; 19 **bedeuten** *signifier* 20. **Willkommen und viel Erfolg!** → *Bienvenue et beaucoup de succès !*

MODULE 6 : POINT CULTURE

13 **Réponds aux questions.**

a. Jugend musiziert ist ein Musikwettbewerb nur[1] für klassische Musik.   RICHTIG   FALSCH

b. Jugend musiziert ist ein Wettbewerb nur für Schulen in Deutschland.   RICHTIG   FALSCH

c. Jugend musiziert ist ein Wettbewerb für alle deutschen Schulen, auch für deutsche Auslandsschulen.   RICHTIG   FALSCH

d. Jugend musiziert besteht aus 3 Runden.   RICHTIG   FALSCH

e. Jugend musiziert ist ein großer und bekannter Wettbewerb.   RICHTIG   FALSCH

1. **nur**, seulement

MODULE 6 : GUT • BESSER • AM BESTEN

Bilan

😊 😐 ☹️

Le système de notation allemand
1. .... ☐ ☐ ☐

Les noms des matières
2. .... ☐ ☐ ☐
3. .... ☐ ☐ ☐

Tournures de phrase et vocabulaire thématique
4. .... ☐ ☐ ☐

Les verbes pronominaux avec pronoms réfléchis à l'accusatif
5. .... ☐ ☐ ☐

Le verbe *sollen*, devoir au présent de l'indicatif et au subjonctif II
6. .... ☐ ☐ ☐
7. .... ☐ ☐ ☐

La subordonnée introduite par *weil*, parce que
8. .... ☐ ☐ ☐

Le comparatif d'égalité et le comparatif d'infériorité
9. .... ☐ ☐ ☐

Le comparatif de supériorité
10. .... ☐ ☐ ☐
11. .... ☐ ☐ ☐

Le superlatif
12. .... ☐ ☐ ☐

Point Culture
13. .... ☐ ☐ ☐

Heute feiern wir!

Objectifs

- **Parler des différentes fêtes et célébrations**
  Pour cela, nous allons voir :
  - les jours, mois, saisons et fêtes + leur genre
  - les prépositions de temps **an**, **in**, **zu**, *à/en*
  - les interrogatifs **wann**, *quand* ou préposition + **welch-**, *quel-*
  - la place des éléments dans la phrase déclarative

- **Parler des préparatifs de fête**
  Pour cela, nous allons voir :
  - le futur
  - les préparatifs de Noël et de Pâques

- **Rédiger une carte d'invitation**
  Pour cela, nous allons voir :
  - le verbe **werden** au présent de l'indicatif et au parfait
  - la subordonnée conjonctive introduite par **wenn** ou **ob**, *si*
  - quelques formules et phrases pour une carte d'invitation

- **POINT CULTURE**
  Karneval, *le carnaval*

Module 7

MODULE 7 : HEUTE FEIERN WIR!

Les jours, mois, saisons et fêtes

1 Te souviens-tu des noms des jours, mois, saisons et fêtes ?

Horizontalement : A7 lundi ; C2 hiver ; E9 mercredi ; G3 décembre ; H13 septembre ; J1 janvier ; L9 février ; O9 samedi ; P1 printemps ; R6 octobre ; S14 dimanche ; U2 Saint-Sylvestre

Verticalement : 1J juillet ; 3G mardi ; 3R avril ; 5I carnaval ; 7A mars ; 7G mai ; 9A November ; 9Q été ; 10J vendredi ; 12N Pâques ; 14D jeudi ; 14O août ; 16Q juin ; 18K Noël ; 19E automne ; 21D anniversaire

MODULE 7 : HEUTE FEIERN WIR!

Les noms des jours, mois, saisons et fêtes s'emploient souvent sans article. Il est néanmoins important de connaître le genre lorsqu'ils se construisent avec une préposition.

- Les jours, les mois et les saisons sont du genre masculin : **(der) Montag**, **(der) Januar**, **(der) Winter**...
- Les noms des fêtes ont des genres différents : **(das) Ostern** est neutre, **(der) Ostersonntag**, **(der) Ostermontag** et **(der) Karneval** sont masculins, **(das) Weihnachten** est neutre.

Les prépositions de temps *an*, *in*, *zu*, à, en

Les compléments de temps se construisent généralement avec une préposition. Pour indiquer :
- les jours de la semaine, on emploie **an** + **dem** (datif) contracté **am** : **am Montag, am Ostersonntag...** ;
- la date, on emploie **an** + **dem** (datif) contracté **am** : **am 10. Mai** ;
- les mois, on emploie **in** + **dem** (datif) contracté **im** : **im Juli** ;
- les saisons, on emploie **in** + **dem** (datif) contracté **im** : **im Herbst** ;
- les années, soit on n'emploie aucune préposition, soit on emploie **im** : **in** + **dem** : **Jahr (2020/im Jahr 2020)**.

Les fêtes se construisent avec **zu** (ou **an** dans le Sud de l'Allemagne) et sans article ou avec le déterminant possessif dans le cas de **Geburtstag** : **zu (an) Ostern** ; **zu (an) deinem Geburtstag**.

❷ *An*, *in*, *zu* ou *am*, *im zum* ? À toi de jouer ! Indique la/les variante(s) régionale(s) entre parenthèses.

a. .... Mittwoch
b. .... Januar
c. .... Weihnachten
d. .... April
e. .... Karneval
f. .... Ostermontag

MODULE 7 : HEUTE FEIERN WIR!

3 Complète avec la préposition et la fête et indique les variantes régionales entre parenthèses.

a.	Was machst du ....?
b.	Was macht ihr ....?
c.	Was machst du ....?
d.	Was machst du ....?

Les interrogatifs *wann*, quand ou préposition + *welch-*, quel-

- Pour demander *quand*, on emploie le pronom interrogatif **wann**.
  Exemples :
  Wann ist Ostern? *C'est quand, Pâques ?* (litt. *Quand est Pâques ?*)
  Wann feierst du deinen Geburtstag? *Quand fêtes-tu ton anniversaire ?*

- Pour demander *quel jour, mois…*, on emploie l'adjectif interrogatif **welch-** au datif précédé d'une préposition. Exemples :
  An welchem Tag…? → *Quel jour… ?*
  In welchem Monat…? → *En quel mois… ?*
  In/Zu welcher Jahreszeit…? → (2 prépositions possibles)
  En quelle saison… ?
  In welchem Jahr…? → *En quelle année… ?*

Banque de mots

die Fete (n)	la fête
die Party (s)	la surprise partie
feiern	fêter
heiraten	se marier

MODULE 7 : HEUTE FEIERN WIR!

4 Pose la question correspondant à la réponse en employant *welch-* + préposition et indique les alternatives s'il y en a.

a. .... ist Weihnachten?
— Im Dezember.

b. .... ist Ostern?
— Im Frühling.

c. .... feierst du deinen Geburtstag?
— Am Samstag.

d. .... haben sie geheiratet?
— 2018.

La place des éléments dans une phrase déclarative

Voici l'occasion de résumer différents points concernant la syntaxe de la phrase déclarative étudiés aux cours de ces leçons. La 2e place est toujours occupée par le verbe conjugué.

La 1re place peut être occupée par :

- le sujet et les compléments qui se placent derrière le verbe conjugué. Exemple :
Ich komme auch am 4. (vierten) Mai ➔ *Je viendrai aussi le 4 mai.*
Si le groupe verbal comporte un participe passé ou un infinitif, ceux-ci sont en dernière position :
Ich bin auch am 4. Mai gekommen ➔ *Je suis aussi venu le 4 mai.*
Ich möchte auch am 4. Mai kommen ➔ *J'aimerais aussi venir le 4 mai.*

- un complément circonstanciel, un complément d'objet, etc., et le sujet passe derrière le verbe conjugué. Les autres éléments quant à eux ne bougent pas.
Exemples :
Am 4. Mai komme ich auch.
Am 4. Mai bin ich auch gekommen.
Am 4. Mai möchte ich auch kommen.

MODULE 7 : HEUTE FEIERN WIR !

5 Forme des phrases en mettant l'élément en gras en 1re position.

a. hat / geheiratet / meine Tante / **im Juli**

→ ....

b. gekauft / **ich** / meiner Schwester / habe / eine Bluse
(Attention cette phrase comporte un double complément, cf. module 5)

→ ....

c. **am 24. Dezember** / die Kinder / bekommen / ihre Geschenke

→ ....

d. haben / gefeiert / **wir** / meinen Geburtstag

→ ....

e. möchten / wir / eine Fete / **zu Silvester** / machen

→ ....

Le futur I

ich werde … feiern	wir werden … feiern
du wirst … feiern	ihr werdet … feiern
er/sie/es wird … feiern	sie/Sie werden … feiern

Le futur I (= futur simple) est un temps composé qui se construit avec l'auxiliaire **werden** au présent + l'infinitif du verbe en dernière position. Le futur I s'emploie pour exprimer des projets/prévisions/promesses.
Ich werde alle meine Freunde einladen → *Je vais inviter tous mes amis.*
Ich werde zu deiner Party kommen → *Je viendrai à ta fête.*
Wirst du eine Fete machen? → *Tu vas faire une fête ?*

Pour exprimer une action ou un fait dans le futur, on emploie généralement le présent si la phrase comporte déjà un élément indiquant le futur : **Morgen kann ich nicht kommen** → *Je ne pourrai pas venir demain.*

6 Complète les phrases avec l'auxiliaire *werden*.

a. .... du heiraten?

b. Wann .... ihr heiraten?

c. Wir .... heiraten.

d. Ich .... heiraten.

e. .... dein Bruder heiraten?

MODULE 7 : HEUTE FEIERN WIR!

Les préparatifs de Noël et de Pâques

Dans les pays germaniques, Noël se célèbre pendant 4 semaines. Il s'agit de l'**Adventszeit**, *période de l'avent*. Pendant toute cette période et même avant, les familles font généralement de la pâtisserie, certaines fabriquent elles-mêmes la couronne ou le calendrier de l'Avent. Même si ce n'est pas comparable avec Noël, les fêtes de Pâques sont également riches en préparatifs et en traditions. Voici du vocabulaire au sujet de ces 2 fêtes.

Banque de mots

der Adventskranz (¨e)	*la couronne de l'Avent*
der Adventskalender (-)	*le calendrier de l'Avent*
der Weihnachtsbaum (¨e)	*l'arbre de Noël*
die Weihnachtsplätzchen (pl)	*les petits gâteaux de Noël*
der Weihnachtsstollen (-)	*le Stollen de Noël (brioche de Noël)*
das Osterei (er)	*l'œuf de Pâques*
schmücken	*décorer*
basteln	*fabriquer*
backen	*faire (pain, gâteau)*
an/malen (er malt … an)	*peindre*

7 **Complète les phrases par** *Weihnachtsplätzchen, Adventskranz, Weihnachtsstollen, Weihnachtsbaum, Ostereier, Adventskalender.*

a. Meine Mutter wird einen .... backen.

b. In der Schule werden wir .... backen.

c. Die Kinder werden die .... anmalen.

d. Ich werde den .... schmücken.

e. Der Lehrer wird mit den Kindern einen ....
und einen .... basteln.

MODULE 7 : HEUTE FEIERN WIR!

8 As-tu bien mémorisé les mots de la leçon ? Teste-toi en ajoutant les lettres manquantes et en reliant chaque mot avec sa traduction.

a. der _ _ i _ n _ c h _ s b a _ m •   • 1. peindre

b. die We _ h _ _ c h _ spl _ tzch _ _ (pl) •   • 2. les œufs de Pâques

c. die _ st _ _ e i _ r (pl) •   • 3. l'arbre de Noël

d. b _ _ teln •   • 4. les petits gâteaux de Noël

e. sch _ _ c _ e _ •   • 5. fabriquer

f. a _ _ a _ en •   • 6. décorer

g. b _ c _ en •   • 7. faire (pain, gâteau)

Le verbe *werden* au présent de l'indicatif et au parfait

	Présent de l'indicatif	Parfait
ich	werde	bin … geworden
du	wirst	bist … geworden
er/sie/es	wird	ist … geworden
wir	werden	sind … geworden
ihr	werdet	seid … geworden
sie/Sie	werden	sind … geworden

Werden peut être employé comme auxiliaire (cf. futur) ou comme verbe principal. Il signifie *devenir* mais la traduction dépend du contexte. Dans le cas de l'âge, il se traduit par *vais avoir* (présent) / *ai eu* (parfait). Exemples :

Wie alt wirst du? → *Quel âge vas-tu avoir ?*
Er ist 16 (sechzehn) geworden → *Il a eu 16 ans.*

MODULE 7 : HEUTE FEIERN WIR!

9 Traduis les phrases suivantes.

a. Quel âge as-tu eu ?

➜ ....

b. Mon amie a eu 15 ans.

➜ ....

c. Ma sœur va avoir 18 ans.

➜ ....

d. Quel âge vont-ils avoir ?

➜ ....

10 Voici l'occasion de tester les nombres. Écris en lettres l'âge indiqué entre crochets.

a. Meine Großmutter ist .... geworden. **[75]**

b. Mein Mutter ist .... geworden. **[43]**

c. Wirst du .... oder ....? **[10 /11]**

d. Wann bist du .... geworden? **[18]**

e. Sie wird im Juli .... **[25]**

La proposition subordonnée conjonctive introduite par *wenn* ou *ob*, si

Les conjonctions de subordination **wenn** et **ob** se traduisent toutes les deux par *si* mais elles s'emploient dans des contextes différents.

- **Wenn** introduit une subordonnée conditionnelle :
  Ich freue mich, wenn alle kommen ➜ *Je me réjouis si tout le monde vient.*

- **Ob** introduit une subordonnée exprimant une interrogation/une incertitude/une attente d'informations et sous-entend *si* ou *non*. Elle se construit souvent avec les verbes **fragen**, **wissen**, etc.
  Sag mir, ob du kommen kannst ➜ *Dis-moi si tu peux venir (ou non).*
  Ich frage mich, ob er auf meine Fete kommt ➜ *Je me demande s'il viendra à ma fête (ou non).*
  Weißt du, ob Tobias kommt? ➜ *Sais-tu si Tobias vient (ou non) ?*

MODULE 7 : HEUTE FEIERN WIR!

11 **Complète les subordonnés par *ob* ou *wenn*.**

a. Ich kann ihn einladen, ... du willst.

b. Ich weiß nicht, ... ich eine Party mache.

c. Er hat gefragt, ... deine Schwester kommt.

d. Ich kann früher kommen, ... du möchtest.

e. Hat er dir gesagt, ... er eine Party macht?

Quelques formules et phrases pour une carte d'invitation

Pour rédiger une carte d'invitation en allemand, tu peux employer le vocabulaire et les exemples suivants.

Banque de mots

Yes, endlich…	Yes, enfin …
Sweet Sixteen Party (angl.)	fête pour les 16 ans
es wird gefeiert	ça se fête
es geht los	ça commence
ab… bis…,	à partir de… jusqu'à…
bei mir zu Hause	chez moi, à la maison
das Motto (s)	le thème
Ich freue mich, wenn du kommst.	Je me réjouis si tu viens.
Bitte gib mir Bescheid unter…	Confirme ta venue au… s'il te plaît
Dein/Deine + prénom	Ton/Ta + prénom (pour signer)

MODULE 7 : HEUTE FEIERN WIR!

12 Complète ce carton d'invitation par les mots indiqués.

am / endlich / ab / freue / zu Hause / ob / gefeiert / Schwarz-Weiß

YES, a. .... 16!
ES WIRD b. ....
WANN? c. .... 24. NOVEMBER,
d. ....: 20 UHR BIS NON STOP!
WO? BEI MIR e. ....
MOTTO : f. ....
ICH g. .... MICH, WENN DU KOMMST.
SAG MIR BESCHEID, h. .... DU KOMMST.
DEINE LEA

13 Complète ce carton d'invitation par les mots indiqués.

Party / los / werde / Dein / wenn / 12. April / ab… bis / Motto

Ich a. .... 15!
Kommst du zu meiner b. .... ?
Es geht c. .... !
Wann? Am d. ...., e. ....
19 Uhr f. .... 00 Uhr.
Wo? Bei mir zu Hause.
g. .... : James Bond.
Ich freue mich, h. .... du kommst.
i. .... Tobias

KARNEVAL

Le carnaval est une fête importante dans les pays germaniques. Voici deux petits textes qui vont te permettre de découvrir cette tradition.

Karneval **wird** heute **fast überall**[1] in Deutschland und Österreich **gefeiert**[2], aber er wird mehr im **Westen** und Süden gefeiert, als im Norden und **Osten**[3].

Weißt du, dass man für Karneval auch Fasching sagt oder Fasnacht (oder Fastnacht)? **Zum Beispiel**[4] sagt man in Köln Karneval, in Wien Fasching und in der Schweiz und im Südwesten von Deutschland Fasnacht. Am 11.11 um 11 Uhr 11 **fängt** der Karneval **offiziell**[5] **an**[6]. Man **stellt** das neue **Prinzenpaar**[7] für die **Karnevalssaison**[8] **vor**[9].

1. **fast überall**, presque partout 2. **wird gefeiert**, est fêté (passif) 3. **der Westen/der Osten**, l'ouest/l'est 4. **zum Beispiel**, par exemple 5. **offiziell**, officiellement 6. **an/fangen**, commencer 7. **das Prinzepaar**, le couple princier 8. **die Karnevalssaison**, la saison du carnaval 9. **vor/stellen**, présenter.

Der **Straßenkarneval**[1] beginnt an einem Donnerstag. In Köln, Düsseldorf und Mainz **wird** der Donnerstag auch **Weiberfastnacht**[2] **genannt**[3]. **Nach einem alten Brauch**[4] **schneiden** die Frauen den Männern **die Krawatte**[5] **ab**[6]. Am **Rosenmontag und am Karnevalsdienstag**[7] **verkleiden sich**[8] **die Leute**[9] (im Südwesten von Deutschland verkleiden sie sich auch am Donnerstag), **ziehen durch die Straßen**[10], gehen in die **Lokale**[11] und essen **Krapfen** oder **Berliner**[12]. **Der größte Karnevalsumzug**[13] findet am Rosenmontag in Köln statt. Am **Aschermittwoch**[14] **ist** der Karneval **zu Ende**[15].

1. **Straßenkarneval**, le carnaval des rues 2. **Weiberfastnacht**, le carnaval des femmes 3. **wird genannt**, est appelé 4. **nach einem alten Brauch**, selon une vieille tradition 5. **die Krawatte (n)**, la cravate 6. **ab/schneiden**, couper 7. **Rosenmontag und Karnevalsdienstag**, lundi et mardi de carnaval 8. **sich verkleiden**, se déguiser 9. **die Leute**, les gens 10. **durch die Straßen ziehen**, déambuler dans les rues 11. **das Lokal (e)**, le café/bistrot 12. **der Krapfen (-)/ der Berliner (-)**, le beignet 13. **der Karnevalsumzug**, le défilé de carnaval 14. **Aschermittwoch**, le mercredi des Cendres 15. **zu Ende sein**, être fini.

MODULE 7 : POINT CULTURE

14 Et pour finir, réponds aux questions suivantes.

a. Wo wird Karneval mehr gefeiert?

➜ ....

b. Kennst du die anderen Namen für Karneval?

➜ ....

c. Wann fängt der Karneval offiziell an?

➜ ....

d. Was machen die Frauen an Weiberfasnacht?

➜ ....

e. Wo findet der größte Karnevalsumzug statt?

➜ ....

MODULE 7 : HEUTE FEIERN WIR!

Bilan

😊 😐 ☹️

Les jours, mois, saisons et fêtes
1. .... ☐ ☐ ☐

Les prépositions de temps *an*, *in*, *zu*, à, en
2. .... ☐ ☐ ☐
3. .... ☐ ☐ ☐

Les interrogatifs *wann*, quand ou préposition + *welch*-, quel-
4. .... ☐ ☐ ☐

La place des éléments dans une phrase déclarative
5. .... ☐ ☐ ☐

Le futur I
6. .... ☐ ☐ ☐

Les préparatifs de Noël et de Pâques
7. .... ☐ ☐ ☐
8. .... ☐ ☐ ☐

Le verbe werden au présent de l'indicatif et au parfait
9. .... ☐ ☐ ☐
10. .... ☐ ☐ ☐

La proposition subordonnée conjonctive introduite par *wenn* ou *ob*, si
11. .... ☐ ☐ ☐

Quelques formules et phrases pour une carte d'invitation
12. .... ☐ ☐ ☐
13. .... ☐ ☐ ☐

Point Culture
14. .... ☐ ☐ ☐

Zum Thema Deklinationen

Et pour terminer, voici un chapitre différent des autres.
Il est entièrement consacré aux déclinaisons. Étudie-le attentivement.
Il t'aidera à mieux parler allemand.

Objectifs

- Réviser tous les points de grammaire relatifs aux déclinaisons et étudiés dans ce cahier
- Approfondir et compléter ces différents points
- Aborder de nouveaux points concernant les déclinaisons

Pour cela, nous allons voir :
- le genre des noms
- le pluriel des noms
- les 4 cas et leur fonction
- la déclinaison du GN défini et indéfini
- l'absence d'article
- la déclinaison des pronoms personnels
- les interrogatifs déclinables
- les prépositions à cas fixe
- les prépositions mixtes
- les verbes de position

Module 8

MODULE 8 : ZUM THEMA DEKLINATIONEN

Le genre des noms

Le genre des noms est souvent aléatoire et il faut l'apprendre par cœur avec le nom, d'autant plus que la correspondance avec le français est rare. Toutefois, il existe une règle permettant de classer par catégories plusieurs noms de même genre.

1 À toi de classer les noms selon leur catégorie.
À chaque catégorie correspond un nom :

Frühling   Frau   Fräulein   Morgen   Rot   Lehrer
Schnee   Zwei   Mann   Westen   Bäckerei   Mädchen
Montag   Kind   Schülerin   Januar   C   Deutsch

1. Sont masculins : **der…**

   a. les êtres de sexe masculin ➜ ....

   b. les moments de la journée ➜ ....

   c. les jours de la semaine ➜ ....

   d. les mois ➜ ....

   e. les saisons ➜ ....

   f. les précipitations (pluie, neige…) ➜ ....

   g. les points cardinaux ➜ ....

   h. la plupart des noms terminés en -er ➜ ....
   ....

2. Sont féminins : **die…**

   a. les êtres de sexe féminin ➜ ....

   b. les chiffres/nombres ➜ ....

   c. la plupart des noms terminés en -in, -ei ➜ ....
   ....

3. Sont neutres : **das…**

   a. les petits des êtres vivants ➜ ....

   b. les diminutifs terminés en -chen ou -lein ➜ ....
   ....

   c. les couleurs ➜ ....

   d. les noms des langues ➜ ....

   e. les lettres de l'alphabet ➜ ....

MODULE 8 : ZUM THEMA DEKLINATIONEN

Le pluriel des noms

Au pluriel, il n'existe pas de distinction de genre : **der**, **die**, **das** donnent **die** ; **ein** et **eine** n'ont pas de forme plurielle. Concernant les terminaisons des noms au pluriel, il est difficile d'établir une liste exhaustive. Voici néanmoins quelques grandes lignes qui pourront t'aider.

- Pas de terminaison et **Umlaut** éventuel sur **a**, **o**, ou **u** pour la grande majorité des masculins et neutres terminés en **-chen**, **-el**, **-en**, **-er**, **-lein**, **-sel** : **der Vater/die Väter**, *le/les père(s)*. Cette règle vaut aussi pour 2 féminins : **die Tochter/die Töchter**, *la/les fille(s)* et **die Mutter/die Mütter**, *la/les mère(s)*.

- **-e** et **Umlaut** éventuel sur **a**, **o**, ou **u** pour de nombreux masculins, plusieurs neutres et monosyllabes féminins. Note que pour le féminin, l'**Umlaut** sur **a**, **o**, ou **u** est systématique : **der Monat/die Monate**, *le/les mois* ; **die Hand/die Hände**, *la/les mains*.

- **-er** et **Umlaut** systématique sur **a**, **o**, ou **u** pour de nombreux neutres et plusieurs masculins : **das Lied/die Lieder**.

- **-en/-n** pour de nombreux féminins : **die Frau/die Frauen**, *la/les femme(s)*.

- **-nen** pour les noms terminés en **-in** : **die Lehrerin/Lehrerinnen**, *la/les professeure(s)*.

2 Indique le pluriel selon la règle ci-dessus.

a. **das Messer**, *le couteau* → ....

b. **das Zimmer**, *la chambre* → ....

c. **die Freundin**, *l'amie* → ....

d. **die Note**, *la note* → ....

e. **das Buch**, *le livre* → ....

f. **die Gabel**, *la fourchette* → ....

g. **der Tisch**, *la table* → ....

h. **der Teller**, *l'assiette* → ....

MODULE 8 : ZUM THEMA DEKLINATIONEN

Les 4 cas et leur fonction

La déclinaison allemande comporte 4 cas.

- Le nominatif exprime le sujet ou l'attribut du sujet.

- L'accusatif exprime le complément d'objet direct. Il est régi par des verbes comme **essen**, *manger* ; **fragen**, *demander à** ; **haben**, *avoir* ; **kennen**, *connaître* ; **lesen**, *lire* ; **machen**, *faire* ; **trinken**, *boire* ; **nehmen**, *prendre* ; **sehen**, *voir* ; **treffen**, *rencontrer* ; **trinken**, *boire*.

- Le datif exprime le complément d'objet indirect. Il est régi par des verbes comme **ähneln**, *ressembler à* ; **danken**, *remercier** ; **gehören**, *appartenir à* ; **helfen**, *aider** ; **schaden**, *nuire à*.

En général, les verbes + accusatif en allemand correspondent à des verbes + COD en français et les verbes + datif à des verbes + COI. Il y a quelques exceptions, dont celles marquées par *.

Certains verbes peuvent régir un double complément dont : **geben**, *donner* ; **kaufen**, *acheter* ; **sagen**, *dire* ; **schenken**, *offrir* ; **schreiben**, *écrire*.

nehmen, *prendre* peut dans certains cas régir un double complément. Ici nous l'abordons comme un verbe régissant l'accusatif.

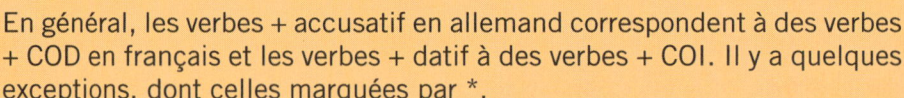

3 Indique derrière chaque verbe le ou les cas qu'il régit : (A), (D) ou (A+D).

a. lesen ………   d. haben ………   g. schreiben ………

b. geben ………   e. kaufen ………   h. nehmen ………

c. sehen ………   f. helfen ………   i. ähneln ………

- Le génitif est le 4ᵉ cas de la déclinaison allemande. Il exprime l'appartenance ou la possession ; il répond à la question **wessen**, *de qui/à qui*. Note bien que les noms masculins et neutres prennent un **-s**, ou **-es** pour les monosyllabes et les noms déjà terminés en **-s** (cf. tableau des déclinaisons ci-contre).
  der Lehrer → **des Lehrers** → *du professeur*
  das Kind → **des Kindes** → *de l'enfant*
  Exemples :
  Wessen Tasche ist das? → *À qui est le sac ?*
  Das ist die Tasche des kleinen Mädchens → *C'est le sac de la petite fille.*
  Die Schwester meiner Freundin ist da → *La sœur de mon amie est là.*

MODULE 8 : ZUM THEMA DEKLINATIONEN

Avec les noms propres, on ajoute simplement un **-s** ou une apostrophe pour ceux terminés en **-s, -ß, -x, -z**. Le nom propre est alors placé devant le nom commun sans article. Cette forme est appelée génitif saxon.
Leas und Tobias' Eltern sind angekommen → *Les parents de Léa et de Tobias sont arrivés.*

Remarques : • Le déterminant démonstratif **dies-** se décline sur le même modèle que l'article défini.
• Le déterminant possessif se décline sur le même modèle que la négation **kein-**.

4 Déclinaison d'un groupe nominal défini : complète les articles et adjectifs épithètes au nominatif, accusatif et datif et mémorise la déclinaison au génitif.

GN DÉFINI

	masculin	féminin	neutre	pluriel
nominatif	d...... klein...... Mann	**die** klein**e** Frau	d...... klein...... Kind	**die** klein**en** Kinder
accusatif	**den** klein**en** Mann	d...... klein...... Frau	d...... klein...... Kind	d...... klein...... Kinder
datif	d...... klein...... Mann	d...... klein...... Frau	**dem** klein**en** Kind	d...... klein...... Kinder**n**
génitif	**des** klein**en** Mann**es**	**der** klein**en** Frau	**des** klein**en** Kind**es**	**der** klein**en** Kinder

5 Déclinaison d'un groupe nominal indéfini : complète les articles et adjectifs épithètes au nominatif, accusatif et datif et mémorise la déclinaison au génitif.

GN INDÉFINI

	masculin	féminin	neutre	pluriel
nominatif	ein klein**er** Mann kein klein...... Mann	ein...... klein...... Frau kein**e** kleine Frau	ein klein...... Kind kein klein...... Kind	klein**e** Kinder kein...... klein...... Kinder
accusatif	ein...... klein...... Mann kein...... klein...... Mann	ein...... klein...... Frau kein...... klein...... Frau	ein klein**es** Kind kein klein...... Kind	klein...... Kinder kein...... klein...... Kinder
datif	ein...... klein...... Mann klein**em** klein**en** Mann	ein**er** klein**en** Frau kein...... klein...... Frau	ein...... klein...... Kind kein**em** klein**en** Kind	klein**en** Kinder**n** kein...... klein...... Kinder**n**
génitif	ein**es** klein**en** Mann**es** kein**es** klein**en** Mann**es**	ein**er** klein**en** Frau kein**er** klein**en** Frau	ein**es** klein**en** Kind**es** kein**es** klein**en** Kind**es**	klein**er** Kinder kein**er** klein**en** Kinder

MODULE 8 : ZUM THEMA DEKLINATIONEN

6 **Complète les terminaisons du génitif ou génitif saxon.**

a. Wer hat die Tasche d................. alt................. Frau?

b. Wie heißt der Lehrer dein................. klein................. Bruders?

c. Tobias................. Bruder macht eine große Party.

d. Wie ist der Name d................. neu.................Deutschlehrers?

e. Woher kommen Anna................. Eltern?

f. Das ist das Auto dies................. Mannes.

g. Die Lehrerin mein................. Sohn................. kommt aus Wien.

L'absence d'article

En allemand, on ne met pas d'article quand on indique une quantité indénombrable/indéfinie ou le pluriel de l'article indéfini. En français, par contre, on emploie les articles partitifs *du*, *de la* et *des* pour le pluriel. Exemples :
Hast du Ø Butter gekauft? → *As-tu acheté du beurre ?*
Ich muss Ø Brot kaufen → *Il faut que j'achète du pain.*
Wir haben Ø Eier gegessen → *Nous avons mangé des œufs.*

À la forme négative, on emploie la négation **kein** :
Ich habe kein Brot gekauft → *Je n'ai pas acheté de pain.*
Dans cet exemple, **kein** = accusatif neutre car **das Brot** est un neutre et **kaufen** régit l'accusatif.
Hast du keine Butter gekauft? → *Tu n'as pas acheté de beurre ?*
Dans cet exemple, **keine** = accusatif féminin car **die Butter** est un féminin et **kaufen** régit l'accusatif.

Voici l'occasion de réviser du vocabulaire autour de l'alimentation. Beaucoup de noms sont employés sans article.

MODULE 8 : ZUM THEMA DEKLINATIONEN

7 Relie chaque nom avec sa traduction et ajoute la négation entre parenthèses.
Le genre ou nombre des noms est indiqué par M, F, N ou Pl.

Ich esse/trinke …

a. (..........................) Fisch (M) •   • 1. chocolat (boisson)
b. (..........................) Fleisch (N) •   • 2. légumes
c. (..........................) Obst (N) •   • 3. poisson
d. (..........................) Gemüse (N) •   • 4. fruits
e. (..........................) Kartoffeln (Pl.) • • 5. eau
f. (..........................) Wasser (N) •   • 6. thé
g. (..........................) Kakao (M) •   • 7. pommes de terre
h. (..........................) Tee (M) •   • 8. viande

Les pronoms personnels

Ils se déclinent à tous les cas mais on les emploie peu au génitif.
Te souviens-tu de leur déclinaison ?

8 Complète le tableau ci-dessous.

nominatif	ich		er		es			sie	
accusatif		dich		sie			euch	sie	
datif			ihm		ihm	uns			Ihnen

Les interrogatifs

En allemand, plusieurs interrogatifs se déclinent, dont :
• **wer**, *qui* et **was**, *que/quoi*
    ➜ **Wer** interroge le sujet : **Wer kommt?** ➜ *Qui vient ?*
    ➜ **Wen** interroge le COD : **Wen siehst du?** ➜ *Qui vois-tu ?*
    ➜ **Wem** interroge le COI : **Wem schadet es?** ➜ *À qui ça nuit ?*
    ➜ **Wessen** interroge le complément du nom : **Wessen Hut ist das?**
      ➜ *C'est le chapeau de qui ?*
    ➜ **Was** interroge le sujet : **Was ist besser?** ➜ *Qu'est-ce qui est mieux ?*
    ➜ **Was** interroge le COD : **Was isst du?** ➜ *Que manges-tu ?*
L'emploi de **was** au datif et génitif est moins courant.

MODULE 8 : ZUM THEMA DEKLINATIONEN

Les pronoms interrogatifs peuvent se construire avec une préposition comme :
→ **für** + accusatif : **Für wen ist das?** → *C'est pour qui ?*
→ **mit** + datif : **Mit wem sprichst du?** → *Avec qui parles-tu ?*

- **welch-**, *quel-* qui suit la même déclinaison que **der, die, das, die** et **was für ein-**, *quel genre de* qui suit la même déclinaison que **ein, eine, ein**. On ne les emploie guère au génitif.

9 Complète les phrases avec *wer/was* ou leurs formes déclinées et indique le cas (N, A, D ou G) entre parenthèses.

a. .... ist das? [........] → *Qui est-ce ?*

b. .... triffst du? [........] → *Qui rencontres-tu ?*

c. .... gehört das? [........] → *Ça appartient à qui ?*

d. .... Auto ist das? [........] → *C'est la voiture de qui ?*

e. .... ist das? [........] → *Qu'est-ce que c'est ?*

f. .... sagst du? [........] → *Que dis-tu ?*

g. Für .... ist das Geschenk? [........] → *Pour qui est le cadeau ?*

h. Mit .... fährst du nach Paris? [........] → *Avec qui vas-tu à Paris ?*

10 Complète les tableaux des déclinaisons.

	masculin	féminin	neutre	pluriel
nominatif	welcher Mann	welch......... Frau	welch......... Kind	welch......... Kinder
accusatif	welch......... Mann	welche Frau	welch......... Kind	welche Kinder
datif	welch......... Mann	welch......... Frau	welchem Kind	welch......... Kindern

	masculin	féminin	neutre	pluriel
nominatif	was für ein Mann	was für ein......... Frau	was für ein Kind	was für Kinder
accusatif	was für ein......... Mann	was für ein......... Frau	was für ein Kind	was für Kinder
datif	was für einem Mann	was für einer Frau	was für ein......... Kind	was für Kinder.........

MODULE 8 : ZUM THEMA DEKLINATIONEN

Les prépositions à cas fixe

Tu as appris que certaines prépositions régissent un cas fixe. Voici les prépositions principales régissant l'accusatif et le datif et une régissant le génitif.

- Accusatif
    - **durch**, *par/à travers* : **Er fährt durch die Stadt** → *Il passe par la ville.*
    - **für**, *pour* : **Das ist für dich** → *C'est pour toi.*
    - **gegen**, *contre* : **Sie ist gegen mich** → *Elle est contre moi.*
    - **ohne**, *sans* : **Nicht ohne dich** → *Pas sans toi.*
    - **um… (herum)**, *autour de* → **Er rennt um den Park (herum)**
        - → *Il court autour du parc.*

- Datif
    - **aus**, *de* (provenance/origine/sortie) : **Kommt alle aus dem Haus!**
        - → *Sortez tous de la maison !*
    - **bei**, *chez/à* (locatif) : **Ich wohne bei einer Freundin**
        - → *J'habite chez une amie.*
    - **mit**, *avec* : **Ich komme mit dir** → *Je viens avec toi.*
    - **nach**, *après* : **Komm bitte nach der Pause!**
        - → *Viens après la pause, s'il te plaît !*
    - **von**, *de/de la part de* : **Der Brief kommt von meiner Mutter**
        - → *La lettre vient de ma mère.*
    - **zu**, *chez/à* (directionnel) : **Ich gehe zu meinem Bruder**
        - → *Je vais chez mon frère.*

- Génitif
    - **während**, *pendant* : **Wo warst du während der Ferien?**
        - → *Où étais-tu pendant les vacances ?*

MODULE 8 : ZUM THEMA DEKLINATIONEN

> **Attention !**
>
> - **Bei** et **zu** se traduisent toutes les deux par *chez/à* mais **bei** exprime un locatif et **zu** exprime un directionnel.
> - **Nach** s'emploie aussi comme préposition de lieu avec les noms géographiques sans article et se traduit par *à/en*. Exemple : **Wir fliegen nach Rom** ➜ *Nous allons à Rome.*
> - **Zu** s'emploie aussi comme préposition de temps avec les noms de fêtes et se traduit par *à/en*. Exemple : **Was macht ihr zu Weihnachten?** ➜ *Que faites-vous à Noël ?*

Complète les phrases avec la préposition et indique le cas (A, D ou G) entre parenthèses.

a. Mein Vater geht .... (...) seinem Bruder. ➜ *Mon père va chez son frère.*

b. Was machst du .... (...) der Schule? ➜ *Que fais-tu après l'école ?*

c. Ich bleibe .... (...) meinem Freund. ➜ *Je reste chez mon ami.*

d. Er kommt .... (...) der Schweiz. ➜ *Il vient de Suisse.*

e. Er geht .... (...) die Stadt. ➜ *Il flâne à travers la ville.*

f. Das ist .... (...) meinem Lehrer. ➜ *C'est de la part de mon professeur.*

g. Geh einmal .... (...) das Haus herum! ➜ *Fais une fois le tour (litt. va autour) de la maison !*

h. Er kommt .... (...) seinen Freund. ➜ *Il vient sans son ami.*

i. Das ist .... (...) deinen Bruder. ➜ *C'est pour ton frère.*

j. Wir lernen .... (...) dem Computer. ➜ *Nous étudions avec l'ordinateur.*

k. Die Lehrer sind .... (...) die Reform. ➜ *Les professeurs sont contre la réforme.*

l. Das war .... (...) des Krieges. ➜ *C'était pendant la guerre.*

MODULE 8 : ZUM THEMA DEKLINATIONEN

Les prépositions mixtes (dites aussi spatiales)

Les prépositions **an**, *à* ; **auf**, *sur* ; **hinter**, *derrière* ; **in**, *dans* ; **neben**, *à côté de* ; **über**, *au-dessus de* ; **unter**, *sous* ; **vor**, *devant* ; **zwischen**, *entre* régissent :

- l'accusatif lorsqu'elles accompagnent un verbe de déplacement (= directionnel).
  Exemple : **Ich gehe in die Stadt** → *Je vais en ville* ;

- le datif lorsqu'elles accompagnent un verbe de position (= locatif).
  Exemple : **Ich bin der Stadt** → *Je suis en ville.*

Dans les cas suivants, il y a contraction de l'article avec la préposition :
an + das → ans ; an + dem → am ; in + das → ins ; in + dem → im.

12 *Wo ist die Katze?* **Souligne la préposition adaptée.**

a.  Die Katze ist **auf** / **über** / **unter** der Kiste.

b.  Die Katze ist **an** / **neben** / **in** der Kiste.

c.  Die Katze ist **zwischen** den **Kisten** / **hinter** / **auf** der Kiste.

d.  Die Katze ist **in** / **vor** / **neben** der Kiste.

13 **Souligne la préposition adaptée.**

a. Ich gehe **ins** / **im** Kino.

b. Wir waren **in die** / **in der** Stadt.

c. Er schläft **in mein** / **in meinem** Bett.

d. Wir fahren mit dem Bus **ins** / **in dem** Zentrum.

MODULE 8 : ZUM THEMA DEKLINATIONEN

Les verbes de position

On distingue 4 positions et à chacune d'elles correspondent deux verbes + préposition mixte.

- Verbe indiquant la position dans laquelle on se met/on met quelqu'un ou quelque chose et régissant l'accusatif :
  - ➜ **hängen***, *accrocher/suspendre* : **Ich hänge das Bild an die Wand**
    - ➜ *J'accroche le tableau au mur.*
  - ➜ **stellen**, *poser* (à la verticale/droit) : **Ich stelle die Lampe ins Wohnzimmer**
    - ➜ *Je mets la lampe dans le salon.*
  - ➜ **(sich) legen**, *poser (à plat)/(se) coucher* :
    Ich lege das Heft auf den Tisch ➜ *Je pose le cahier sur la table.*
    Ich lege mich auf die Couch ➜ *Je m'allonge sur le canapé.*
  - ➜ **(sich) setzen**, *(s')asseoir* :
    Ich setze mich neben dich ➜ *Je m'assieds à côté de toi.*
    Die Mutter setzt das Kind in den Stuhl ➜ *La mère assied l'enfant dans la chaise.*

- Verbe indiquant la position dans laquelle est quelqu'un/quelque chose et régissant le datif :
  - ➜ **hängen***, *être accroché/ suspendu* : **Das Bild hängt an der Wand**
    - ➜ *Le tableau est accroché au mur.*
  - ➜ **stehen**, *être posé/mis (droit)* : **Die Lampe steht im Wohnzimmer**
    - ➜ *La lampe est mise dans le salon.*
  - ➜ **liegen**, *être posé (à plat)/couché* : **Das Heft liegt auf dem Tisch**
    - ➜ *Le cahier est posé sur la table.*
  - ➜ **sitzen**, *être assis* : **Ich sitze neben dir**
    - ➜ *Je suis assis à côté de toi.*

* pour *accrocher/suspendre* et *être accroché/suspendu*, on emploie le même verbe en allemand : **hängen**.

 Souligne le verbe adapté.

a. Leo **setzt sich/sitzt** auf dem Stuhl. ➜ *Leo est assis sur la chaise.*

b. Das Klavier **stellt/steht** im Wohnzimmer. ➜ *Le piano est placé dans le salon.*

c. **Leg/Liegt** bitte den Pass auf den Tisch. ➜ *Pose le passeport sur la table, s'il te plaît.*

d. Er **legt/liegt** im Bett. ➜ *Il est couché au lit.*

MODULE 8 : ZUM THEMA DEKLINATIONEN

15 Souligne le cas adapté.

a. Leo legt das Baby **ins/im** Bett. → *Leo couche le bébé dans le lit.*

b. Stell die Lampe **auf den/auf dem** Tisch. → *Pose la lampe sur la table.*

c. Der Mantel hängt **in den/im** Schrank. → *Le manteau est accroché dans l'armoire.*

d. Die Lampe hängt **über den/über dem** Tisch. → *La lampe est accrochée au-dessus de la table.*

MODULE 8 : ZUM THEMA DEKLINATIONEN

Bilan

Le genre des noms
1. .... ☐ ☐ ☐

Le pluriel des noms
2. .... ☐ ☐ ☐

Les 4 cas et leur fonction
3. .... ☐ ☐ ☐
4. .... ☐ ☐ ☐
5. .... ☐ ☐ ☐
6. .... ☐ ☐ ☐

L'absence d'article
7. .... ☐ ☐ ☐

Les pronoms personnels
8. .... ☐ ☐ ☐

Les interrogatifs
9. .... ☐ ☐ ☐
10. .... ☐ ☐ ☐

Les prépositions à cas fixe
11. .... ☐ ☐ ☐

Les prépositions mixtes (dites aussi spatiales)
12. .... ☐ ☐ ☐
13. .... ☐ ☐ ☐

Les verbes de position
14. .... ☐ ☐ ☐
15. .... ☐ ☐ ☐

Tableaux de conjugaison

TABLEAUX DE CONJUGAISON

Voici un récapitulatif des catégories de verbes et temps étudiés.

Auxiliaires et verbes

Présent de l'indicatif

	sein	haben	werden
ich	bin	habe	werde
du	bist	hast	wirst
er/sie/es	ist	hat	wird
wir	sind	haben	werden
ihr	seid	habt	werdet
sie/Sie	sind	haben	werden

Impératif

	sein	haben	werden
du	Sei!	Hab!	Werde!
ihr	Seid!	Habt!	Werdet!
Sie	Seien Sie!	Haben Sie!	Werden Sie!

Prétérit

	sein	haben	werden
ich	hatte	war	wurde
du	hattest	warst	wurdest
er/sie/es	hatte	war	wurde
wir	hatten	waren	wurden
ihr	hattet	wart	wurdet
sie/Sie	hatten	waren	wurden

TABLEAUX DE CONJUGAISON

Parfait

	sein	haben	werden
ich	bin gewesen	habe gehabt	bin geworden
du	bist gewesen	hast gehabt	bist geworden
er/sie/es	ist gewesen	hat gehabt	ist geworden
wir	sind gewesen	haben gehabt	sind geworden
ihr	seid gewesen	habt gehabt	seid geworden
sie/Sie	sind gewesen	haben gehabt	sind geworden

Futur I

	sein	haben	werden
ich	werde sein	werde haben	werde werden
du	wirst sein	wirst haben	wirst werden
er/sie/es	wird sein	wird haben	wird werden
wir	werden sein	werden haben	werden werden
ihr	werdet sein	werdet haben	werdet werden
sie/Sie	werden sein	werden haben	werden werden

Verbes réguliers (faibles) et irréguliers (forts)

Présent de l'indicatif

	sagen verbe régulier	fahren verbe irrégulier a → ä	geben verbe irrégulier e → i	sehen verbe irrégulier e → ie
ich	sage	fahre	gebe	sehe
du	sagst	fährst	gibst	siehst
er/sie/es	sagt	fährt	gibt	sieht
wir	sagen	fahren	geben	sehen
ihr	sagt	fahrt	gebt	seht
sie/Sie	sagen	fahren	geben	sehen

TABLEAUX DE CONJUGAISON

	ankommen verbe à particule séparable	**finden** verbe régulier terminé en **-d**	**einladen** verbe irrégulier terminé en **-d** et à particule séparable	**heißen** verbe terminé en **-ß**
ich	komme an	finde	lade ein	heiße
du	kommst an	findest	lädst ein	heißt
er/sie/es	kommt an	findet	lädt ein	heißt
wir	kommen an	finden	laden ein	heißen
ihr	kommt an	findet	ladet ein	heißt
sie/Sie	kommen an	finden	laden ein	heißen

Impératif

	sagen verbe régulier	**fahren** verbe irrégulier a → ä	**geben** verbe irrégulier e → i	**sehen** verbe irrégulier e → ie
du	Sag!	Fahr!	Gib!	Sieh!
ihr	Sagt!	Fahrt!	Gebt!	Seht!
Sie	Sagen Sie!	Fahren Sie!	Geben Sie!	Sehen Sie!

Parfait

	sagen verbe régulier	**arbeiten** verbe régulier terminé en **-t**	**fahren** verbe irrégulier
ich	habe gesagt	habe gearbeitet	bin gefahren
du	hast gesagt	hast gearbeitet	bist gefahren
er/sie/es	hat gesagt	hat gearbeitet	ist gefahren
wir	haben gesagt	haben gearbeitet	sind gefahren
ihr	habt gesagt	habt gearbeitet	seid gefahren
sie/Sie	haben gesagt	haben gearbeitet	sind gefahren

Parfait (suite)

	empfangen particule inséparable	**ankommen** particule séparable
ich	habe empfangen	bin angekommen
du	hast empfangen	bist angekommen
er/sie/es	hat empfangen	ist angekommen
wir	haben empfangen	sind angekommen
ihr	habt empfangen	seid angekommen
sie/Sie	haben empfangen	sind angekommen

Futur I

	sagen	**fahren**
ich	werde sagen	werde fahren
du	wirst sagen	wirst fahren
er/sie/es	wird sagen	wird fahren
wir	werden sagen	werden fahren
ihr	werdet sagen	werdet fahren
sie/Sie	werden sagen	werden fahren

Les verbes de modalité et *wissen*

Présent de l'indicatif

	können	**dürfen**	**wollen**	**mögen**	**müssen**	**sollen**	**wissen**
ich	kann	darf	will	mag	muss	soll	weiß
du	kannst	darfst	willst	magst	musst	sollst	weißt
er/sie/es	kann	darf	will	mag	muss	soll	weiß
wir	können	dürfen	wollen	mögen	müssen	sollen	wissen
ihr	könnt	dürft	wollt	mögt	müsst	sollt	wisst
sie/Sie	können	dürfen	wollen	mögen	müssen	sollen	wissen

TABLEAUX DE CONJUGAISON

Prétérit

	können	dürfen	wollen	mögen	müssen	sollen	wissen
ich	konnte	durfte	wollte	mochte	musste	sollte	wusste
du	konntest	durftest	wolltest	mochtest	musstest	solltest	wusstest
er/sie/es	konnte	durfte	wollte	mochte	musste	sollte	wusste
wir	konnten	durften	wollten	mochten	mussten	sollten	wussten
ihr	konntet	durftet	wolltet	mochtet	musstet	solltet	wusstet
sie/Sie	konnten	durften	wollten	mochten	mussten	sollten	wussten

Subjonctif II (= conditionnel présent)

	mögen	sollen
ich	möchte	sollte
du	möchtest	solltest
er/sie/es	möchte	sollte
wir	möchten	sollten
ihr	möchtet	solltet
sie/Sie	möchten	sollten

SOLUTIONS

Module 0

❶ **Brève** : stellen, zuerst, wollen, dann. **Longue** : See, sehen, groß, doof, Kohle, Hose, Riese.

❷ **a.** [é:] **b.** [ĕ] **c.** [è] **d.** [é:] **e.** [é:] **f.** [ĕ]

❸ **a.** [eu:] **b.** [è:] **c.** [u:] **d.** [o:] **e.** [eu] **f.** [eu:] **g.** [u] **h.** [è] **i.** [u:] **j.** [u]

❹ **a.** [aï] **b.** [aou] **c.** [oï] **d.** [oï] **e.** [aou] **f.** [aï]

❺ **a.** Jochen, achtzehn, Österreich **b.** suche, Teppich **c.** möchtet, machen **d.** Buch, Küche

❻ [z] : suchen, fernsehen, lesen. [ss] : lassen, beißen, das. [ch] : stellen, sprechen

Module 1

❶ **sein** : ich bin, wir sind, sie/Sie sind.
haben : du hast, wir haben, sie/Sie haben.
werden : ich werde, du wirst, ihr werdet.

❷ **planen** : ich plane, du planst, wir planen, ihr plant.
reisen : ich reise, du reist, wir reisen, sie/Sie reisen.
landen : ich lande, er/sie/es landet, wir landen, ihr landet.
fahren : er/sie/es fährt, ihr fahrt, sie/Sie fahren.

❸ **a.** Sie **b.** Ihr **c.** Wir **d.** Sie **e.** Er

❹ **a.** Leo ist aufs Land gefahren. **b.** Ich bin in ein Sprachcamp gegangen. **c.** Wir haben Urlaub auf dem Bauernhof gemacht. **d.** Die Kinder haben eine Radtour gemacht.

❺ **a.** Surfcamp **b.** Meer **c.** Radtour **d.** Berge

❻ **a.** bin **b.** habe **c.** habe **d.** bin **e.** habe

❼ **a.** Zuerst war ich zu Hause. Dann bin ich in ein Sprachcamp gegangen. Zum Schluss bin ich mit meiner Familie ans Meer gefahren. **b.** Zuerst bin ich mit Anna in die Berge gefahren. Dann habe ich eine Radtour gemacht. Zum Schluss habe ich mit meiner Familie Urlaub auf dem Bauernhof gemacht.

❽ **a.** 4F **b.** 1C **c.** 3H **d.** 7G **e.** 8A **f.** 2D **g.** 6B **h.** 5E

❾ **a.** nach, nach, in **b.** in, in

❿ **a.** vierte **b.** zwölfte **c.** vierundzwanzigste **d.** einunddreißigste

⓫ **a.** Am 25. (fünfundzwanzigsten) Juni **b.** Am 11. (elften) September **c.** Vom 2. (zweiten) Juli bis zum 11. (elften) August.

⓬ **a.** Bis wann gehen die Sommerferien in Hessen? **b.** Von wann bis wann sind die Sommerferien in Thüringen? **c.** Wann beginnen die Sommerferien in Hessen?

⓭ **a.** 357 578 Quadratkilometer **b.** rund 83 Millionen Einwohner **c.** Berlin, rund 3,6 Millionen Einwohner **d.** Hamburg, 1,8 Mio, München, 1,6 Mio und Köln, 1,1 Mio **e.** die Nordsee und die Ostsee **f.** die Alpen **g.** die Zugspitze (2 962 Meter) **h.** die Donau (Gesamtlänge: 2 810 km/in Deutschland: 647 km), der Rhein (Gesamtlänge: 1 233 km/in Deutschland: 865 km).

Module 2

❶ **a.** Schüleraustausch **b.** Austauschpartnerin **c.** Austauschprogramm **d.** Austauschpartner **e.** Austauschorganisation **f.** Gastfamilie

❷ **a.** verbesserst, entdeckst **b.** findet / statt **c.** verbringst **d.** nimmst / teil **e.** nimmst / auf.

❸ **a.** Die Austauschpartner nehmen an einem Picknick teil. **b.** Wir nehmen am Ausflug teil. **c.** Sie nimmt am Sprachunterricht teil. **d.** Lea und Elena nehmen am Informationsabend teil.

❹ **a.** möchte, Ausland **b.** möchte, Schüleraustausch **c.** möchten, Austauschparnter **d.** Möchtest, Sprachkenntnisse

❺ **a.** Wie **b.** Wie alt **c.** Woher **d.** Wo **e.** Wie lange **f.** Wer **g.** Warum **h.** Wohin **i.** Sprichst

❻ **a.** Anne **b.** Langlois **c.** 20.06.20… **d.** weiblich **e.** Collège Edmond Rostand, 4e **f.** Tennis und Klavier **g.** Französisch, Englisch, Deutsch **h.** 5 rue Victor Hugo, Lyon **i.** 06 08 89 68 34

❼ **a.** Die Schüler haben an einem Austauschprogramm teilgenommen. **b.** Der Austausch hat zwischen der 8. und 11. Klasse stattgefunden. **c.** Wir haben ein neues Land entdeckt. **d.** Ihr habt eure Sprachkenntnisse verbessert. **e.** Die Gastfamilie hat dich am Flughafen empfangen.

❽ **a.** Warst du in Deutschland? **b.** Hattest du eine nette Gastfamilie? **c.** Die Austauschpartner waren nett. **d.** Mein Austauschpartner war 15. **e.** Ich hatte einen österreichischen Tutor. **f.** Meine Gastfamilie hatte 5 Kinder.

❾ **a.** bin/gegangen **b.** habe/gemacht **c.** war **d.** waren **e.** hatte **f.** haben/gemacht **g.** sind/gefahren **h.** war **i.** habe/entdeckt

❿ **a.** F **b.** R **c.** F **d.** R **e.** R **f.** G **g.** R

Module 3

❶ **a.** böse **b.** traurig **c.** lustig

❷ **a.** ruhig **b.** dumm **c.** unglücklich **d.** offen

❸ **a.** Er ist nicht schüchtern, sondern offen. **b.** Er ist nicht traurig, sondern lustig. **c.** Er ist nicht böse, sondern nett/lieb.

❹ **Défini** : der nett/liebe Mann, die liebe Frau, das liebe Mädchen, die lieben Kinder **Indéfini** : ein lieber Mann, eine liebe Frau, ein liebes Mädchen, liebe Kinder

123

SOLUTIONS

5 a. Anna ist kein ruhiges Mädchen. b. Dein Bruder ist kein schüchterner Junge. c. Anna und Lea sind keine faulen Schülerinnen. d. Tobias ist kein böser Junge.

6 a. kurz b. dunkel c. dick d. groß

7 a. blau b. braun c. grün d. blond e. weiß

8 a. rote b. kleinen c. blaue d. helle e. blauen f. schöne

9 a. helle b. lange c. dünne/schlanke d. große

10 a. einem kleinen Mädchen b. dem jungen Mann c. einer hübschen Dame d. den jungen Kindern e. keinem jungen Mädchen

11 a. A, D b. A c. N, D d. N, D e. A f. D

12 a. junge, langen, dunklen b. alter, weißen, blauen c. helle, lange, schwarze

13 a. gern, Snowboard b. lieber, Ski c. lieber, Kino, Theater d. lieber, Saxophon, Klavier e. Am liebsten, Geige

14 a. Die Kinder spielen lieber Tennis als Handball. b. Leo fährt am liebsten Snowboard / Am liebsten fährt Leo Snowboard. c. Mein Bruder spielt gern Klavier.

15 a. mein Lieblingslehrer b. meine Lieblingsstadt c. mein Lieblingsfilm d. meine Lieblingsmusik e. mein Lieblingsbuch f. mein Lieblingsfach g. mein Lieblingspulli

16 a. Mozart ist am 27. Januar 1756 in Salzburg geboren. b. Mit 3 (drei) Jahren. c. Mit 5 (fünf) Jahren. d. Er hat schon 3 (drei) Opern, 6 (sechs) Sinfonien und viele andere Werke komponiert. e. Er verschwendet es. f. Er ist sensibel, kreativ und sehr unruhig. g. Er geht ins Theater und spielt Billard. h. Mozart ist am 5. (fünften) Dezember 1791 gestorben. Er war 35 (fünfunddreißig) Jahre alt.

Module 4

1 a. zum Schwimmbad b. zur Apotheke c. zum Kino d. zum Rathaus

2 a. der b. den kleinen c. die d. der rechten e. zum

3 a. links, geradeaus b. Überqueren Sie, rechts, linken c. Überquer, geh, befindet

4 a. Straßenbahn b. U-Bahn c. Fahrrad d. Zug e. Bus

5 a. um wie viel Uhr b. bis wie viel Uhr c. ob d. wo

6 a. Weißt b. Weiß c. Wissen d. Wisst e. weiß f. wissen

7 a. Ich will mit dem Bus fahren. b. Du musst bei der nächsten Haltestelle aussteigen. c. Ihr könnt die U-Bahn nehmen. d. Du musst deine Fahrkarte entwerten.

8 a. Fahrkarten b. Haltestelle c. Straßenbahn

9 a. mussten b. durfte c. wollte, wollte d. mussten

10 a. mussten b. wollten c. konnten d. wollten e. konntet f. mussten

11 a. durften b. dürfen c. Darf d. Durften e. darf

12 a. Es ist erlaubt, den Rasen zu betreten. b. Es ist verboten, hier zu parken. c. Es ist erlaubt, hier zu rauchen. d. Es ist verboten, den Rasen zu betreten.

13 a. die Fußgängerzone b. die Ampel c. die Bushaltestelle d. die U-Bahn-Station e. der Radweg

14 a. Sie waren in Schönbrunn. b. Sie haben zuerst/ Zuerst haben sie das Schloss besichtigt. c. Es gibt einen Irrgarten und einen Zoo. d. Er wurde 1752 gegründet. e. Sie haben zu Fuß die Innenstadt besichtigt. f. Sie sind mit der U-Bahn gefahren. g. Sie sind mit dem Riesenrad gefahren und haben Wien bei Nacht gesehen. h. Sie waren am Freitagmorgen / Am Freitagmorgen waren sie in der Uno-City. i. Sie sind mit dem Bus gefahren. j. Sie haben eine Radtour rund um Wien gemacht.

Module 5

1 a. ihre französische Austauschpartnerin b. deiner französischen Austauschpartnerin c. euren Deutschlehrer d. deiner kleinen Schwester

2 a. ihrer Mutter, eine Bluse b. unserem Vater, einen Pulli c. seiner Tochter, ein Surfbrett d. deinen Eltern, ein Buch e. ihrem Bruder, Kopfhörer f. eurer Mutter, ein Handy

3 a. sie b. ihnen c. Es, ihn d. Sie, sie e. Wir, es f. euch

4 a. ihren Eltern Kopfhörer b. ihm Kopfhörer c. es ihren Kindern d. es ihm e. es ihr

5 a. Die Kinder schenken sie ihnen. b. Wir geben es ihm. c. Anna schenkt es ihm. d. Ich kaufe ihn ihr.

6 a. im Ergeschoss b. im 3. (dritten) Obergeschoss/ Stock c. im Untergeschoss d. im Erdgeschoss

7 a. der Koffer → Reisegepäck b. die Bluse → Damenmode c. die Kette → Uhren und Schmuck d. die Schuhe → Schuhabteilung.

8 a. Welche b. Welchen c. Welche d. Welches e. welcher, welcher

9 a. Was für b. Was für einen c. Was für eine d. Was für ein

10 a. Was für b. Welche c. Was für einen d. Welchen

11 a. Diese schwarzen b. diesen neuen c. diese blauen d. dieser rote, dieser e. Dieses neue

SOLUTIONS

12 **a.** • 1 eins, 2 zwei, 3 drei, 4 vier, 5 fünf, 6 sechs, 7 sieben, 8 acht, 9 neun, 10 zehn, 11 elf, 12 zwölf, zéro = null • 14 vierzehn, 15 fünfzehn, 16 sechzehn, 17 siebzehn, 18 achtzehn, 19 neunzehn • 40 vierzig, 50 fünfzig, 60 sechzig, 70 siebzig, 80 achtzig, 90 neunzig • 31 einunddreißig, 45 fünfundvierzig, 54 vierundfünfzig, 77 siebenundsiebzig, 81 einundachtzig, 99 neunundneunzig • 496 vierhundertsechsundneunzig, 768 siebenhundertachtundsechzig, 6 905 sechstausendneunhundertfünf, 7 918 siebentausendneunhundertachtzehn • 4 568 900 vier Millionen fünfhundertachtundsechzigtausendneunhundert, 7 680 500 sieben Millionen sechshundertachtzigtausendfünfhundert

13 **a.** 50-Euro-Schein **b.** eine 5-Cent-Münze **c.** ein 100-Euro-Schein **d.** eine 1-Cent-Münze

14 **a.** Wie viel **b.** kostet **c.** Schein **d.** kosten **e.** Münze **f.** Euro **g.** Geld **h.** billig

15 **a.** Sparschweine gibt es seit dem Mittelalter. **b.** Bei den mittelalterlichen Bauern spielt das Schwein eine wichtige und positive Rolle. **c.** Es symbolisiert Fruchtbarkeit und Wohlstand. **d.** Das Kind füttert sein Sparschwein mit Münzen und lernt warten. **e.** Sparschwein voll – alles toll!

Module 6

1 **a.** 2 **b.** 5 **c.** 3 **d.** 4 **e.** 1 **f.** 6

2 **a.** Mathematik **b.** Deutsch **c.** Englisch **d.** Französisch **e.** Geschichte **f.** Erdkunde **g.** Chemie **h.** Physik **i.** Biologie **j.** Informatik **k.** Religion/Ethik **l.** Kunst **m.** Musik **n.** Sport

3 **a.** Franz (Französisch) **b.** Reli (Religion) **c.** Mathe (Mathematik) **d.** Bio (Biologie)

4 Welche Note hast du in der Englischarbeit? – Ich habe eine 4–. Welche Note hast du im Zeugnis? – Ich habe eine 2.

5 **a.** sich **b.** euch **c.** dich **d.** sich **e.** mich

6 **a.** Wir sollten **b.** Er sollte **c.** Du solltest

7 **a.** Er soll **b.** Sie sollen **c.** Ihr sollt

8 **a.** weil du dich nicht genug konzentrierst. **b.** weil ihr nicht genug gelernt habt. **c.** weil sie sich in Mathe nicht anstrengt.

9 **a.** hoch **b.** schnell **c.** stark **d.** weit

10 **a.** Meine Schwester rennt schneller als ich. **b.** Sabine springt weiter als ihre Freundin. **c.** Ich trainiere mehr als du. **d.** Tobias ist sportlicher als sein Freund.

11 **a.** schneller **b.** weiter **c.** besser **d.** sportlicher

12 **a.** am schnellsten. **b.** am weitesten. **c.** am meisten. **d.** am besten. **e.** am höchsten.

13 **a.** F **b.** F **c.** R **d.** R **e.** R

Module 7

1

2 **a.** am **b.** im **c.** zu (an) **d.** im **e.** zu (an) **f.** am

3 **a.** zu deinem Geburtstag **b.** zu (an) Weihnachten **c.** zu (an) Silvester **d.** zu (an) Ostern

4 **a.** In welchem Monat **b.** In/Zu welcher Jahreszeit **c.** An welchem Tag **d.** In welchem Jahr

5 **a.** Im Juli hat meine Tante geheiratet. **b.** Ich habe meiner Schwester eine Bluse gekauft. **c.** Am 24. Dezember bekommen die Kinder ihre Geschenke. **d.** Wir haben meinen Geburtstag gefeiert. **e.** Zu Silvester möchten wir eine Fete machen.

6 **a.** Wirst **b.** werdet **c.** werden **d.** werde **e.** Wird

7 **a.** Weihnachtsstollen **b.** Weihnachtsplätzchen **c.** Ostereier **d.** Weihnachtsbaum **e.** Adventskranz, Adventskalender

8 **a.** Weihnachtsbaum – 3 **b.** Weihnachtsplätzchen – 4 **c.** Ostereier – 2 **d.** basteln – 5 **e.** schmücken – 6 **f.** anmalen – 1 **g.** backen – 7

9 **a.** Wie alt bist du geworden? **b.** Meine Freundin ist 15 (fünfzehn) geworden. **c.** Meine Schwester wird 18 (achtzehn). **d.** Wie alt werden sie?

SOLUTIONS

❿ a. fünfundsiebzig **b.** dreiundvierzig **c.** zehn, elf **d.** achtzehn **e.** fünfundzwanzig

⓫ a. wenn **b.** ob **c.** ob **d.** wenn **e.** ob

⓬ a. endlich **b.** gefeiert **c.** Am **d.** ab **e.** zu Hause **f.** Schwarz-Weiß **g.** freue **h.** ob

⓭ a. werde **b.** Party **c.** los **d.** 12. April **e.** ab **f.** bis **g.** Motto **h.** wenn **i.** Dein

⓮ a. Es wird mehr im Westen und im Süden gefeiert. **b.** Die anderen Namen sind Fasching oder Fasnacht/Fastnacht. **c.** Der Karneval fängt offiziell am 11.11 um 11 Uhr 11 an. **d.** Sie schneiden den Männern die Krawatte ab. **e.** Der größte Karnevalsumzug findet in Köln statt.

Module 8

❶ 1. a. der Mann **b.** der Morgen **c.** der Montag **d.** der Januar **e.** der Frühling **f.** der Schnee **g.** der Westen **h.** der Lehrer **2. a.** die Frau **b.** die Zwei **c.** die Schülerin, die Bäckerei **3. a.** das Kind **b.** das Mädchen, das Fräulein **c.** das Rot **d.** das Deutsch **e.** das C

❷ a. die Messer **b.** die Zimmer **c.** die Freundinnen **d.** die Noten **e.** die Bücher **f.** die Gabeln **g.** die Tische **h.** die Teller

❸ a. A **b.** A-D **c.** A **d.** A **e.** A-D **f.** D **g.** A-D **h.** A **i.** D

❹ GN DÉFINI

	masculin	féminin	neutre	pluriel
nominatif	d**er** kleine Mann	d**ie** kleine Frau	d**as** kleine Kind	d**ie** klein**en** Kinder
accusatif	d**en** klein**en** Mann	d**ie** kleine Frau	d**as** kleine Kind	d**ie** klein**en** Kinder
datif	d**em** klein**en** Mann	d**er** klein**en** Frau	d**em** klein**en** Kind	d**en** klein**en** Kinder**n**
génitif	d**es** klein**en** Mann**es**	d**er** klein**en** Frau	d**es** klein**en** Kind**es**	d**er** klein**en** Kinder

❺ GN INDÉFINI

	masculin	féminin	neutre	pluriel
nominatif	ein klein**er** Mann / kein klein**er** Mann	eine kleine Frau / keine kleine Frau	ein klein**es** Kind / kein klein**es** Kind	kleine Kinder / keine klein**en** Kinder
accusatif	ein**en** klein**en** Mann / kein**en** klein**en** Mann	eine kleine Frau / keine kleine Frau	ein klein**es** Kind / kein klein**es** Kind	kleine Kinder / keine klein**en** Kinder
datif	ein**em** klein**em** Mann / klein**em** Mann / kein**en** klein**en** Mann	ein**er** klein**en** Frau / kein**er** klein**en** Frau	ein**em** klein**en** Kind / kein**em** klein**en** Kind	klein**en** Kinder**n** / kein**en** klein**en** Kinder**n**
génitif	ein**es** klein**en** Mann**es** / kein**es** klein**en** Mann**es**	ein**er** klein**en** Frau / kein**er** klein**en** Frau	ein**es** klein**en** Kind**es** / kein**es** klein**en** Kind**es**	klein**er** Kinder / kein**er** klein**en** Kinder

❻ a. der alten Frau **b.** deines kleinen Bruders **c.** Tobias' **d.** des neuen Deutschlehrers **e.** Annas **f.** dieses Mannes **g.** meines Sohnes

❼ a. keinen, 3 **b.** kein, 8 **c.** kein, 4 **d.** kein, 2 **e.** keine, 7 **f.** kein, 5 **g.** keinen, 1 **h.** keinen, 6

❽

nominatif	ich	du	er	sie	es	wir	ihr	sie	Sie
accusatif	mich	dich	ihn	sie	es	uns	euch	sie	Sie
datif	mir	dir	ihm	ihr	ihm	uns	euch	ihnen	Ihnen

❾ a. Wer N **b.** Wen A **c.** Wem D **d.** Wessen G **e.** Was N **f.** Was A **g.** Für wen A **h.** Mit wem D

❿

	masculin	féminin	neutre	pluriel
nominatif	welcher Mann	welche Frau	welch**es** Kind	welche Kinder
accusatif	welch**en** Mann	welche Frau	welch**es** Kind	welche Kinder
datif	welch**em** Mann	welch**er** Frau	welchem Kind	welch**en** Kinder**n**

	masculin	féminin	neutre	pluriel
nominatif	was für ein Mann	was für eine Frau	was für ein Kind	was für Kinder
accusatif	was für ein**en** Mann	was für eine Frau	was für ein Kind	was für Kinder
datif	was für einem Mann	was für einer Frau	was für ein**em** Kind	was für Kinder**n**

⓫ a. zu (D) **b.** nach (D) **c.** bei (D) **d.** aus (D) **e.** durch (A) **f.** von (D) **g.** um (A) **h.** ohne (A) **i.** für (A) **j.** mit (D) **k.** gegen (A) **l.** während (G)

⓬ a. auf **b.** in **c.** zwischen **d.** neben

⓭ a. ins **b.** in der **c.** in meinem **d.** ins

⓮ a. sitzt **b.** steht **c.** Leg **d.** liegt

⓯ a. ins **b.** auf den **c.** im **d.** über dem

TABLEAU D'AUTOÉVALUATION

Bravo, tu es venu à bout de ce cahier ! Il est temps à présent de faire le point sur tes compétences et de comptabiliser les icônes afin de procéder à l'évaluation finale. Reporte le sous-total de chaque chapitre dans les cases ci-dessous puis additionne-les afin d'obtenir le nombre final d'icônes dans chaque couleur et découvre tes résultats !

Module 0	☐	☐	☐
Module 1	☐	☐	☐
Module 2	☐	☐	☐
Module 3	☐	☐	☐
Module 4	☐	☐	☐
Module 5	☐	☐	☐
Module 6	☐	☐	☐
Module 7	☐	☐	☐
Module 8	☐	☐	☐
Total, tous modules confondus	☐	☐	☐

Tu as obtenu une majorité de...

Super! *Super !*
Tu t'en es très bien sorti, continue comme ça !

Nicht schlecht! *Pas mal !*
Mais tu peux progresser en refaisant les exercices où tu as fait des erreurs.

Noch einmal! *Encore une fois !*
Reprends l'ensemble de l'ouvrage en relisant bien les leçons avant de refaire les exercices.

CRÉDITS ICONOGRAPHIQUES
Couverture : Anne-Sophie Peyer - **Intérieur :** Fotolia : marius1987 : 15; Sentavio : 4b, 63a, 63b, 66b. Shutterstock : Albachiaraa : 54a ; Aleksandar Karanov : 56h ; Aleutie : 93 ; Alexander Ryabintsev : 31hg ; Anastasia_B : 72h ; angkrit : 16, 92g ; ankomando : 22b, 24, 77, 81g ; AnutaBerg : 97 ; art.tkach : 73b ; AVA Bitter : 98 ; avian : 29, 82 ; Azaze11o : 50h, 57d ; beta757 : 111 ; bilha golan : 49h ; Blablo101 : 34g, 37b, Borodatch : 74 ; Bplanet : 92b, brgfx : 106h ; Bukhavets Mikhail : 13d ; Creatarka : 47 ; deviyanthi79 : 49b ; djdarkflower : 50 ; Dooder : 13c ; Elena Kazanskaya : 41d ; Ellegant : 66h ; Eucalyp : 55 ; Evgeniya Mokeeva : 41a ; Gaia Vetiveria : 66d ; Giraffarte : 95 ; graphic-line : 42h, 87 ; gst : 6h, 108h ; hand draw : 40b ; happymay : 80 ; Haryadi CH : 41c, 113d ; Iconic Bestiary : 30b, 31m, 81d ; in_dies_magis : 67b, 70 ; Incomible : 6b, 42b, 63d, 64b, 78g, 98h, 99 ; inithings : 66 ; jesadaphorn : 8, 27, 34h ; Julia Tim : 92m ; justone : 52h, 57bg ; Kanate : 50 ; karawan : 113a,b,c ; kmlmtz66 : 79 ; Lavandaart : 59, 60 ; LineTale : 11h ; Ljudmila Gluzdovskaja : 89 ; Luisa Venturoli : 13b ; Macrovector : 13a, 26a, 32, 61, 63c, 65h, 67h, 69h, 84h, 84c, 101, 105d, 110, 114 ; MANGA MEDIA : 84a,d ; Margarita Levina : 11d ; Mascha Tace : 45, 84b ; Meilun : 33 ; mhatzapa : 39 ; MSSA : 21 ; Naschy : 40h ; Naty_Lee : 25 ; Neti.OneLove : 51 ; Nikita Chisnikov : 73h ; NotionPic : 41h ; Olga_draw : 66c ; Olga1818 : 5m, 7, 9, 12h, 17, 22h, 26b, 28, 30h, 36, 37h, 50bg, 69b, 72b, 92c, 94, 96, 102 ; Orion-v : 48 ; OSIPOVEV : 105g ; Padma Sanjaya : 3, 23 ; PODIS : 88 ; Red monkey : 20 ; RedlineVector : 63h, 106b ; robuart : 112 ; sayhmog : 116 ; Sentavio : 54c ; Sibiryanka : 68b ; skyclick : 50, 75, 85 ; Smart Design : 83 ; Spreadthesign : 91, 103 ; Studio_G : 63f ; Studio888 : 109 ; sub job : 12g ; Supermint : 5d ; Tanya_Knyazeva : 68h ; Tiax : 100 ; tn-prints : 92d ; Tomacco : 43h, 113 ; TotemArt : 56b, 57h ; toyotoyo : 34h ; Vector Bakery : 4h, 92a ; venimo : 66a ; Verkhozina Ekaterina : 64h ; Visual Generation : 53, 54b, 65m ; What's My Name : 14 ; wongstock : 52b ; world of vector : 63e ; Zentangle : 117. DR : 50, 62, 108b.

Mise en pages : Élodie Bourgeois pour Lunedit
Réalisation : Lunedit
© 2019 Assimil

Dépôt légal : mai 2019
N° d'édition : 3855
ISBN : 978-2-7005-0801-7
www.assimil.com
Imprimé en mai 2019 chez DZS, Slovénie